HET ULTIEME SANDWICH KOOKBOEK

Til je sandwichgame naar een hoger niveau met meer dan 100 verrukkelijke recepten met verse ingrediënten, klassieke combinaties en unieke wendingen

Evelien Huisman

Auteursrechtelijk materiaal ©202 3

Alle rechten voorbehouden

Zonder de juiste schriftelijke toestemming van de uitgever en de eigenaar van het auteursrecht mag dit boek op geen enkele manier, vorm of vorm worden gebruikt of verspreid, met uitzondering van korte citaten die in een recensie worden gebruikt. Dit boek mag niet worden beschouwd als vervanging van medisch, juridisch of ander professioneel advies.

INVOERING

Ben je moe van dezelfde oude sandwichcombinaties? Wil je indruk maken op je vrienden en familie met creatieve en lekkere broodjes? Zoek niet verder dan The Ultimate Sandwich Cookbook!

Dit kookboek bevat meer dan 100 recepten voor sandwiches die elke trek zullen stillen, van klassieke combinaties zoals BLT's en gegrilde kaas, tot unieke wendingen zoals een banh mi-geïnspireerde sub of een wrap met gegrilde groenten en hummus. Elk recept bevat verse ingrediënten en gemakkelijk te volgen instructies waarmee je in een mum van tijd geweldige sandwiches kunt maken.

Maar het gaat niet alleen om de vullingen - dit kookboek bevat ook recepten voor zelfgebakken brood, broodjes en beleg die je sandwiches naar een hoger niveau tillen. Of je nu op zoek bent naar een snelle lunch, een picknicksnack of een feestelijke feestschotel, The Ultimate Sandwich Cookbook heeft het voor je.

Dus waarom zou je genoegen nemen met saaie sandwiches als je je sandwichgame naar een hoger niveau kunt tillen met dit kookboek? Met recepten voor elke gelegenheid en smaak kom je nooit zonder heerlijke sandwichideeën te zitten.

belegde broodjes kookboek, belegde broodjes recepten, creatieve belegde broodjes, heerlijke belegde broodjes, verse ingrediënten, unieke twists, klassieke combinaties, zelfgebakken brood, beleg, lunch, picknick, feestschotel.

1. **Curry Met Garnalen Gestapelde Tomaten**

Maakt 4 porties

INGREDIËNTEN
- 4 grote heirloom tomaten
- 6 eetlepels magere mayonaise
- 1 theelepel kerriepoeder
- 1/4 theelepel zout
- 1/4 theelepel gemalen gember
- 3/4 pond gepelde en ontdarmde gekookte garnalen
- 1 selderijrib, in stukjes gesneden
- 1/2 kopje fijngehakte komkommer
- 1 kleine navelsinaasappel, geschild en fijngehakt
- 2 groene uien, in dunne plakjes gesneden

INSTRUCTIES
a) Snijd en snij elke tomaat in drie dikke plakken; laat uitlekken op keukenpapier.
b) Meng mayonaise en kruiden in een grote kom; roer de resterende ingrediënten erdoor. Stapel voor elke portie drie plakjes tomaat op elkaar en bedek ze met het garnalenmengsel.

2. Broodje Turkije en Avocado

INGREDIËNTEN
- 2 sneetjes volkorenbrood
- 2-3 plakjes kalkoenfilet
- 1/4 avocado, in plakjes
- 1 plak cheddarkaas
- 1 eetlepel mayonaise
- 1 theelepel Dijon-mosterd
- Sla en tomaat, optioneel

INSTRUCTIES :
a) Rooster de sneetjes brood tot ze licht goudbruin zijn.
b) Smeer mayonaise en Dijon-mosterd aan één kant van elk sneetje brood.
c) Leg de kalkoen, avocado, kaas, sla en tomaat tussen de sneetjes brood.
d) Snijd de sandwich doormidden en serveer.

3. Broodje groenten en hummus

INGREDIËNTEN
- 2 sneetjes volkorenbrood
- 2 eetlepels houmous
- 1/4 kopje geraspte wortelen
- 1/4 kopje gesneden komkommer
- 1/4 kopje gesneden rode paprika
- 1 plak cheddarkaas
- Zout en peper naar smaak

INSTRUCTIES :
a) Rooster de sneetjes brood tot ze licht goudbruin zijn.
b) Smeer hummus aan één kant van elke sneetje brood.
c) Leg de geraspte wortelen, gesneden komkommer, rode paprika en cheddarkaas tussen de sneetjes brood.
d) Breng op smaak met zout en peper.
e) Snijd de sandwich doormidden en serveer.

4. Broodje Tonijnsalade

INGREDIËNTEN

- 2 sneetjes witbrood
- 1 blikje tonijn, uitgelekt
- 1/4 kopje in blokjes gesneden bleekselderij
- 1/4 kopje in blokjes gesneden ui
- 2 eetlepels mayonaise
- 1 theelepel Dijon-mosterd
- Zout en peper naar smaak
- Sla en tomaat, optioneel

INSTRUCTIES :

a) Rooster de sneetjes brood tot ze licht goudbruin zijn.
b) Meng in een kom de tonijn, selderij, ui, mayonaise, Dijon-mosterd, zout en peper.
c) Leg de tonijnsalade, sla en tomaat tussen de sneetjes brood.
d) Snijd de sandwich doormidden en serveer.

5. Gegrilde Cheddar Sandwich

INGREDIËNTEN
- 2 sneetjes zuurdesembrood
- 2 plakjes cheddarkaas
- 2 eetlepels boter

INSTRUCTIES :
a) Verhit een koekenpan met antiaanbaklaag op middelhoog vuur.
b) Beboter een kant van elk sneetje brood.
c) Leg een sneetje brood met de boterzijde naar beneden op de koekenpan.
d) Beleg met de plakjes cheddarkaas en de tweede snee brood, met de boterzijde naar boven.
e) Bak tot het brood goudbruin is en de kaas gesmolten is, ongeveer 2-3 minuten per kant.
f) Snijd de sandwich doormidden en serveer.

6. BLT-sandwich

INGREDIËNTEN
- 2 sneetjes witbrood
- 3 reepjes spek, gekookt
- 1/4 avocado, in plakjes
- 2 plakjes tomaat
- 1 eetlepel mayonaise
- Sla

INSTRUCTIES :
a) Rooster de sneetjes brood tot ze licht goudbruin zijn.
b) Smeer mayonaise op één kant van elk sneetje brood.
c) Leg de bacon, avocado, tomaat en sla tussen de sneetjes brood.
d) Snijd de sandwich doormidden en serveer.

7. Kokos Bacon Reuben Sandwich

MAAKT 4 SANDWICHES

INGREDIËNTEN
- 1 recept Rogge Flatbread
- 1 recept van je favoriete Kaas
- 1 recept Kokosspek of Auberginespek
- 1 recept Thousand Island-dressing
- 1 kopje van je favoriete zuurkool

INSTRUCTIES:
a) Leg op elk van de vier serveerschalen een plak Rogge Flatbread.
b) Besmeer met een laagje Kaas.
c) Top met plakjes Coconut Bacon en besprenkel met Thousand Island Dressing.
d) Garneer met zuurkool en een tweede stuk flatbread en serveer direct.

8. Gegrilde Kaas En Tomaat

VOOR 4 PORTIES

INGREDIËNTEN
- 8 sneetjes Courgettebrood of Zonnebloembrood
- 1 recept van je favoriete Kaassaus
- 1 tomaat, ontpit en in dikke plakken gesneden

INSTRUCTIES:
a) Leg op elk van de vier serveerschalen een sneetje brood. Verspreid elk met ongeveer ¼ kopje kaas.
b) Beleg met een plakje tomaat en een tweede sneetje brood.
c) Serveer onmiddellijk.

9. Lox, Tomaat, Rode Ui En Kappertjes

MAAKT 4 SANDWICHES

INGREDIËNTEN
- 8 sneetjes van je favoriete brood
- ¼ kopje Aioli-mayonaise
- 1 tomaat, ontpit en in plakjes
- 1 kop gesneden mango of Thais jong kokosvlees
- ½ kopje rucola
- ¼ kopje gesneden rode ui
- ¼ kopje uitgelekte kappertjes

INSTRUCTIES:
a) Leg op elk van de vier serveerschalen een sneetje brood. Smeer elke portie in met 2 eetlepels Aioli Mayonaise.
b) Beleg met de plakjes tomaat, vervolgens de mango, rucola, ui en kappertjes en als laatste het resterende brood.
c) Blijft enkele uren houdbaar.

10. Blt Club

VOOR 4 PORTIES

INGREDIËNTEN
- 12 sneetjes Courgettebrood of Zonnebloembrood
- 1 recept Aioli Mayonaise
- 8 blaadjes ijsbergsla
- 1 tomaat, ontpit en in plakjes
- 1 rijpe avocado, ontpit en in plakjes
- 1 recept Kokosspek

INSTRUCTIES:
a) Leg op elk van de vier serveerschalen een sneetje brood en besmeer met een paar eetlepels mayonaise. Beleg elke portie met een blaadje sla, dan een plakje tomaat, wat avocado en dan nog een sneetje brood. Besmeer dat plakje met extra mayonaise en bedek met plakjes Coconut Bacon, sla en tomaat. Smeer een paar eetlepels mayonaise op één kant van de overgebleven sneetjes brood en leg de mayonaise met de kant naar beneden op je boterhammen.
b) De samengestelde sandwich is enkele uren houdbaar.

11. Onechte tonijnsalade

VOOR 4 PORTIES

INGREDIËNTEN
- 1 recept Aioli Mayonaise
- 3 kopjes wortelpulp
- 1 kopje gehakte selderij
- ¼ kopje gehakte gele ui
- 1 recept van je favoriete brood

INSTRUCTIES:
a) Doe de Aioli Mayonaise, wortelpulp, bleekselderij en ui in een mengkom. Goed mengen.

b) Stel je sandwiches samen door een kwart van het mengsel tussen twee sneetjes brood te smeren. Top met gesneden tomaat en ijsbergsla. Herhaal dit om de resterende sandwiches te maken.

c) De samengestelde sandwiches zijn een paar uur houdbaar. Mock Tuna Salad is 2 dagen houdbaar als je het apart in de koelkast bewaart.

12. Sandwich met kaneel en appel

VOOR 4 PORTIES

INGREDIËNTEN
- 1 recept Misoboter, Vanilleboter, Lavendelboter of Chocoladeboter
- 1 appel, klokhuis verwijderd en in plakjes
- ¼ kopje agavesiroop
- 1 theelepel gemalen kaneel

INSTRUCTIES:
a) Leg op elk van de vier serveerschalen een sneetje brood. Besmeer elke plak met boter naar keuze.
b) Top met gesneden appels, besprenkel met agavesiroop en strooi kaneel erover.
c) Is een dag houdbaar.

13. Broodjes pompoenkaas

Maakt: 16 porties

INGREDIËNTEN :
- 16 plakjes Wit of volkoren brood
- 8 plakjes Witte kaas zoals Jack
- 4 groot Zwarte olijven zonder pit
- 8 plakjes Cheddar kaas
- 1 kan Gehakte zwarte olijven
- 4 groot Ontpitte groene olijven
- 12 Pimento plakjes

INSTRUCTIES:

a)   Duw de spookkoekjesvormer in 1 sneetje brood. Scheur overtollig brood rond de snijder af en gooi het weg; leg een spookvormig stuk brood opzij. Herhaal met nog 7 sneetjes brood.

b)   Snijd met een pompoenkoekjesvormpje het resterende brood op dezelfde manier in pompoenvormen.

c)   Rooster "spoken" en "pompoenen" onder de grill tot ze goudbruin zijn, ongeveer 1 minuut. Draai om en herhaal aan een andere kant.

d)   Haal het brood uit de oven en zet opzij. Gebruik een spookkoekjesvormpje om 8 spookvormen uit plakjes witte kaas te snijden. Snijd met een klein scherp mes twee ooggaten in elk plakje witte kaas. Zorg ervoor dat de "ogen" groot genoeg zijn om open te blijven wanneer de kaas smelt. Snijd de zwarte olijven in de lengte doormidden.

e)   Leg op sneetjes spookbrood waar de ogen van de geesten heen gaan. Leg 1 spookvormige plak witte kaas op 1 sneetje spookbrood met ooggaten over olijven. Herhaal met het resterende spookbrood en witte kaas.

f)   Gebruik een pompoenkoekjesvormpje om 8 pompoenvormen uit stukjes sinaasappelkaas te snijden. Snijd 2 ooggaten en mond in elke plak kaas. Bedek het oppervlak van sneetjes pompoenbrood met gehakte zwarte olijven. Snijd groene olijven in de lengte doormidden.

g)   Leg een schijfje groene olijven op de stengel en snijd deze bij. Leg sinaasappelkaas op brood en olijven. Leg plakjes piment erin.

h)   Leg alle sandwiches op een bakplaat en zet ze onder de grill tot de kaas 1 tot 2 minuten licht gesmolten is.

14. Broodje gegrilde eend

Maakt: 2 porties

INGREDIËNTEN:
- 1 eendenvlees van 1 hele geroosterde eend
- 1 kopje zelfgemaakte of bereide barbecuesaus
- 1 eetlepel dun gesneden groene uien
- 2 uienrolletjes
- 1 zak aardappelchips; optioneel

Snijd de eend in hapklare reepjes. Combineer eend, barbecuesaus en groene uien in een kleine steelpan en verwarm door. Snijd de broodjes open en rooster ze. Vul elk broodje met een flinke portie eendenmengsel. Serveer gegarneerd met wat aardappelchips.

15. Broodje Varkenslende

INGREDIËNTEN:
- 2-4 plakjes geroosterd varkensvlees met kaantjes
- 4 eetlepels zoetzure rode kool
- 3 eetlepels mayonaise van goede kwaliteit
- 1 eetlepel sterke, grove mosterd
- 2 augurken, in plakjes
- 1 dames appel
- Enkele rode uienringen (optioneel)

ZUUR-ZOET RODE KOOL
- 1 middelgrote rode kool
- 1/2 fles rode wijn
- Specerijen: kruidnagel, laurierblaadjes, kaneelstokje, peper, steranijs
- 2 uien
- Zout
- 3 eetlepels eenden- of ganzenvet
- 2 kopjes balsamico of ciderazijn
- 2 eetlepels rietsuiker, afhankelijk van de zoetheid van wijn en azijn

INSTRUCTIES:
a) Varkenslende en rode kool eventueel opwarmen.
b) Roer mayonaise met mosterd en verdeel over sneetjes brood.
c) Leg rode kool, vlees, schijfjes augurk, schijfjes appel en uienringen in laagjes op de ene boterham en sluit af met de andere snee om een sandwich te maken.
d) Kook rode wijn met gedroogde kruiden gedurende 5 minuten en laat 15 minuten trekken.
e) Verwijder de stengel van de koolkop als die er is en versnipper deze. Schil en snipper de ui.
f) Fruit rode kool en ui in ganzenvet in een grote pan met dikke bodem.

g) Giet rode wijn door een zeef om de kruiden in de pan te verwijderen en voeg zout toe.

h) Laat minstens een uur sudderen - enkele uren koken geeft een zachte en heerlijk smakelijke kool.

i) Breng rode kool op smaak met azijn en suiker.

16. Paneer er Bhurji Sandwich

Maakt: 2 Porties

INGREDIËNTEN:
- ½ theelepel groene pepers, gehakt
- 1 ½ eetlepel verse koriander, gehakt
- 4 Sneetjes Brood
- ½ kopje kwark
- 2 eetlepels Tomaten
- ¼ theelepel peperpoeder
- Een snufje kurkumapoeder
- ¼ theelepel komijnzaad
- Zout
- 1 ½ theelepel geklaarde boter

INSTRUCTIES
a) Verhit ghee of olie in een pan en voeg komijnzaad toe.
b) Wanneer de zaadjes beginnen te knetteren, voeg je de groene pepers toe en roer je.
c) Roer de gehakte tomaat een paar seconden erdoor, of tot het zacht wordt.
d) Meng de kurkuma en paneer erdoor.
e) Roer het peperpoeder en zout erdoor en roer een paar seconden.
f) Meng de gehakte koriander in de pan.
g) Smeer boter aan één kant van elk brood.
h) Leg een sneetje op de grill en verdeel de helft van de paneervulling erover.
i) Bedek met een ander stuk brood, met de boter naar boven, en gril tot het goudbruin is.
j) Haal van de grill en snijd in twee stukken.

17. Broodje Pimento Kaas En Tomaten

Maakt : 8 TOT 12 PORTIES

INGREDIËNTEN:
VOOR DE KAASSPREIDING:
- ½ kopje mayonaise
- 4 ons roomkaas
- 3 kopjes geraspte scherpe cheddarkaas
- 1 (4-ounce) pot in blokjes gesneden Spaanse peper, uitgelekt
- 1 eetlepel fijngehakte gele ui
- 1 theelepel gehakte knoflook
- 1 theelepel Worcestershire-saus
- ½ theelepel gemalen zwarte peper

VOOR DE TOMATEN:
- 1 kopje zelfrijzend bakmeel
- 1 kop Polenta
- ½ theelepel koosjer zout
- ½ theelepel gemalen zwarte peper
- 2 eieren
- ½ kopje karnemelk
- 4 grote groene tomaten, in plakjes van ½ inch dik
- 2 kopjes plantaardige olie, om te frituren
- 2 broden Stokbrood, in de lengte doormidden gesneden

INSTRUCTIES:
a) Combineer de mayonaise en roomkaas in een grote kom en mix tot alles goed gecombineerd is. Voeg de cheddarkaas, Spaanse peper, ui, knoflook, Worcestershire-saus en zwarte peper toe. Meng tot alles goed is opgenomen, dek de kom af en zet minimaal 6 uur in de koelkast.

b) Meng in een middelgrote mengkom het zelfrijzend bakmeel, polenta, zout en zwarte peper. Meng tot alles goed is opgenomen en zet opzij.

c) Combineer in een andere middelgrote mengkom de eieren en karnemelk en meng goed.

d) Dep de gesneden tomaten droog met keukenpapier. Doop de tomaten in het eimengsel en vervolgens in het bloemmengsel. Laat de tomaten 5 minuten staan.

e) Giet de plantaardige olie in een grote koekenpan op middelhoog vuur tot deze 2 tot 3 inch diep is. Voeg de tomaten toe en frituur tot ze mooi goudbruin zijn, 3 tot 4 minuten.

f) Smeer de pimentkaas op de onderste helft van het stokbrood, bedek met de gebakken tomaten en de bovenste helft van het stokbrood. Snijd in individuele sandwiches en serveer.

18. Hassel terug Tomatenclubs

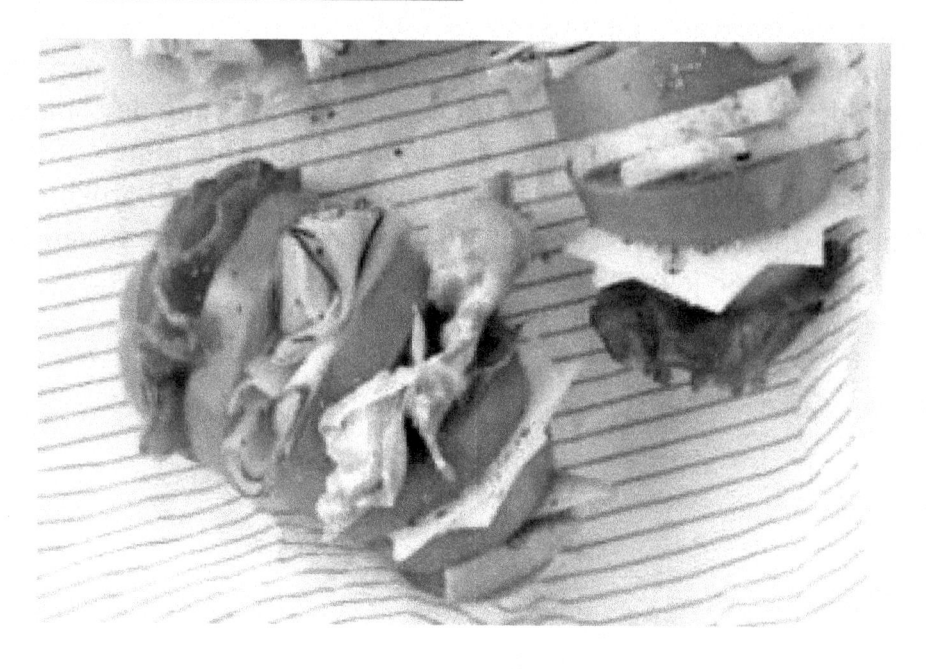

Maakt 2 porties

INGREDIËNTEN
- 4 pruimtomaten
- 2 plakjes Zwitserse kaas, in vieren
- 4 gekookte spekreepjes, gehalveerd
- 4 plakjes deli kalkoen
- 4 Bibb-slablaadjes
- 1/2 medium rijpe avocado, geschild en in 8 plakjes gesneden
- Gebarsten peper

INSTRUCTIES
a) Snijd in elke tomaat 4 kruiselingse plakjes, laat ze aan de onderkant intact.
b) Vul elk plakje met kaas, bacon, kalkoen, sla en avocado. Bestrooi met peper.

19. Gefrituurde Groene Napoleons Met Coleslaw

INGREDIËNTEN
- 1/3 kopje mayonaise
- 1/4 kopje witte azijn
- 2 eetlepels suiker
- 1 theelepel zout
- 1 theelepel knoflookpoeder
- 1/2 theelepel peper
- 1 pakket (14 ons) driekleuren coleslaw-mix
- 1/4 kop fijngehakte ui
- 1 blik (11 ons) mandarijn sinaasappelen, uitgelekt
- gebakken tomaten:
- 1 groot ei, licht losgeklopt
- Dash hete pepersaus, of naar smaak
- 1/4 kopje bloem voor alle doeleinden
- 1 kopje droge kruimels
- 2 middelgrote groene tomaten, elk in 4 plakjes gesneden
- Olie om te frituren
- 1/2 theelepel zout
- 1/4 theelepel peper
- 1/2 kopje gekoelde pimiento-kaas
- 4 theelepels pepergelei

INSTRUCTIES
a) Combineer de eerste zes ingrediënten . Voeg koolsla mix en ui toe. Voeg mandarijnen toe; roer voorzichtig.
b) Klop in een ondiepe kom het ei en de hete saus los. Doe bloem en kruimels in aparte ondiepe kommen. Doop plakjes tomaat in bloem om beide kanten te bedekken; schud overtollig af. Dompel in het eimengsel en vervolgens in de kruimels, kloppend om de coating te helpen hechten.
c) Verhit olie in een elektrische koekenpan of friteuse tot 350 °. Bak de plakjes tomaat, een paar tegelijk, tot ze bruin zijn, 1-2 minuten aan elke kant. Laat uitlekken op keukenpapier. Bestrooi met zout en peper.
d) Om napoleons samen te stellen, bedek je een plakje tomaat met 1 eetlepel pimiento-kaas. Herhaal lagen. Top met 1

theelepel pepergelei. Herhaal met de resterende plakjes tomaat. Serveer over koolsalade.

20. Gebakken Aubergine Sandwiches

Porties: 4
INGREDIËNTEN
- 1 theelepel olijfolie
- 2 eieren
- ½ kopje bloem voor alle doeleinden, of meer indien nodig
- zout en versgemalen zwarte peper naar smaak
- 1 snufje cayennepeper, of meer naar smaak
- 1 kopje panko-kruimels
- 8 plakjes aubergine, gesneden 3/8 inch dik
- 2 plakjes provolonekaas, in vieren gesneden
- 12 dunne plakjes salami
- 2 ⅔ eetlepels olijfolie, verdeeld
- 2 ⅔ eetlepels fijn geraspte Parmigiano-Reggiano kaas, verdeeld

INSTRUCTIES

a) Verwarm de oven voor op 425 graden F (220 graden C). Bekleed een bakplaat met aluminiumfolie.

b) Klop de eieren los in een kleine, ondiepe kom. Meng bloem, zout, zwarte peper en cayennepeper in een grote ondiepe schaal. Giet panko-kruimels in een andere grote ondiepe schaal.

c) Beleg een plak aubergine met 1/4 plak provolonekaas, 3 plakjes salami en 1/4 plak provolonekaas. Leg er een even grote plak aubergine op. Herhaal met de resterende plakjes aubergine, kaas en salami.

d) Druk elke auberginesandwich voorzichtig in de gekruide bloem om te coaten; schud overtollig af. Doop beide kanten van elke boterham in losgeklopt ei en druk ze vervolgens in pankokruimels. Leg ze op de voorbereide bakplaat terwijl je de resterende auberginesandwiches maakt.

e) Sprenkel 1 theelepel olijfolie in een cirkel van ongeveer 3 inch in diameter op de folie; plaats een auberginesandwich op het geoliede gebied. Strooi ongeveer 1 theelepel Parmigiano-Reggiano kaas over de sandwich. Herhaal dit met de resterende 3 sandwiches, besprenkel een deel van de folie met olijfolie, leg een sandwich op de olie en bedek met Parmezaanse kaas. Besprenkel de bovenkant van elk broodje met 1 theelepel olijfolie.

f) Bak in de voorverwarmde oven gedurende 10 minuten . Draai de sandwiches om en strooi er 1 theelepel Parmigiano-Reggiano-kaas over. Bak tot ze bruin zijn en een schilmesje gemakkelijk in de aubergine steekt, nog 8 tot 10 minuten. Serveer warm of op kamertemperatuur.

21. Broodjes appel, ham en kaas

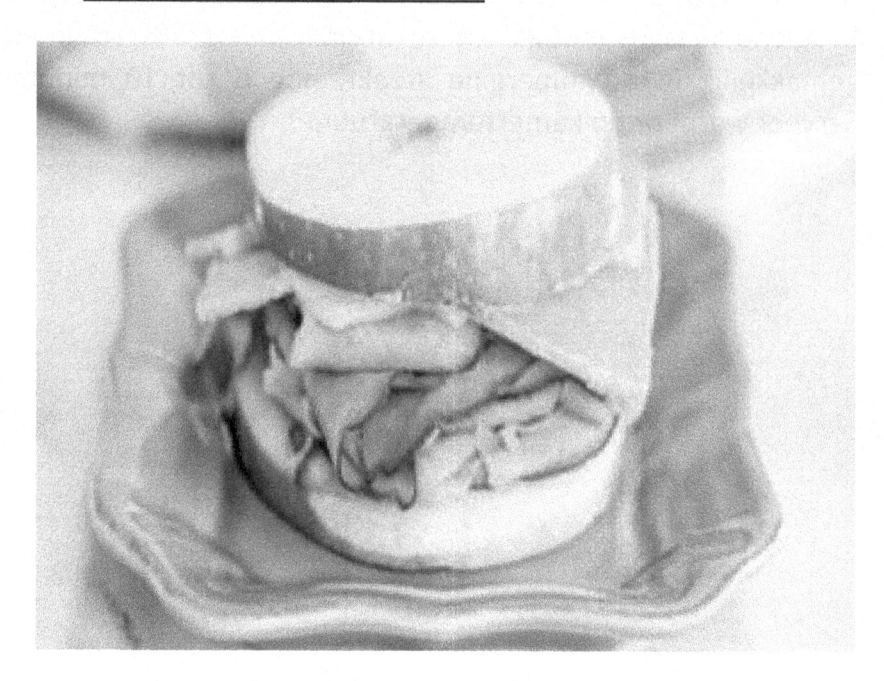

Porties: 2
INGREDIËNTEN
- appel
- Ham plakjes
- Colby Jack-plakjes
- Bruine mosterd, Dijon-stijl of condiment naar keuze

INSTRUCTIES
a) Snijd appels in ringen.
b) Voeg plakjes ham toe. Top met plakjes kaas.
c) Smeer mosterd op de bovenste ring van de sandwich en leg deze erop (met de kruiderij naar beneden).

22. Komkommer Subs

VOOR 2
INGREDIËNTEN
- 2 komkommers
- vleeswaren - kalkoen, ham of ander vleeswaren in plakjes of geschaafd
- spek (optioneel)
- groene uien (optioneel)
- tomaten (optioneel)
- eventuele sandwichvullers (optioneel)
- lachende koeienkaas of mayonaise of roomkaas of een andere specerij

INSTRUCTIES
a) Snijd de komkommer in de lengte door, van punt tot punt. Schep de binnenkant van de komkommer eruit om ruimte te maken voor je broodbeleg. Voeg vlees, groenten en andere sandwich-ingrediënten toe aan de binnenkant van de komkommer.
b) Leg de ene helft van de komkommer op de andere helft. Genieten!!

23. Broodloze Italiaanse subsandwich

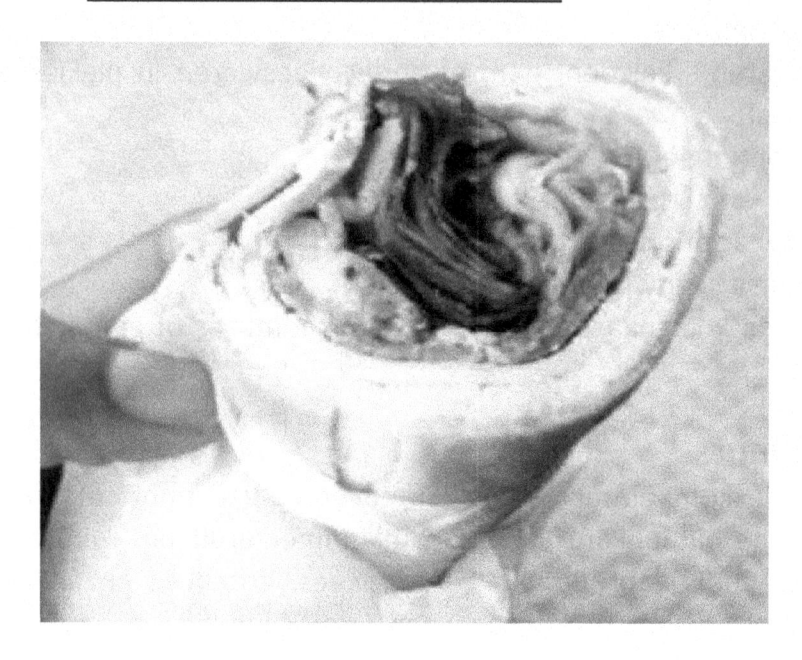

Opbrengst: 4 boterhammen
INGREDIËNTEN
- 8 grote Portobello-champignons, schoongeveegd
- 2 eetlepels extra vierge olijfolie
- Kosjer zout
- 1 eetlepel rode wijnazijn
- 1 eetlepel fijngehakte pepperoncini met zaden
- 1/2 theelepel gedroogde oregano
- Vers gemalen zwarte peper
- 2 ons gesneden provolone (ongeveer 4 plakjes)
- 2 ons dun gesneden natriumarme ham (ongeveer 4 plakjes)
- 1 ounce dun gesneden Genua salami (ongeveer 4 plakjes)
- 1 kleine tomaat, in 4 plakjes gesneden
- 1/2 kop geraspte ijsbergsla
- 4 met piment gevulde olijven

INSTRUCTIES
a) Plaats een ovenrek in het bovenste derde deel van de oven en verwarm de ovengrill voor.
b) Verwijder de steeltjes van de champignons en gooi ze weg. Leg de champignonhoedjes met de kieuwen naar boven en gebruik een scherp mes om de kieuwen volledig te verwijderen (zodat de hoedjes plat liggen). Schik de champignonhoedjes op een bakplaat, bestrijk alles met 1 eetlepel olie en bestrooi met 1/4 theelepel zout. Rooster tot de doppen zacht zijn en draai ze halverwege om, 4 tot 5 minuten per kant. Laat volledig afkoelen.
c) Klop de azijn, pepperoncini, oregano, de resterende 1 eetlepel olie en een paar maaltjes zwarte peper in een kleine kom door elkaar.
d) Stel de sandwiches samen: leg een champignonkapje met de snijkant naar boven op een werkoppervlak. Vouw 1 stuk provolone zodat het bovenop de dop past en herhaal met 1 plakje ham en salami.
e) Beleg met 1 plakje tomaat en ongeveer 2 eetlepels sla. Besprenkel met wat peperoncinivinaigrette. Sandwich met een andere champignondop en zet vast met een tandenstoker met

een olijf erin. Herhaal met de resterende ingrediënten om nog 3 sandwiches te maken.

f) Wikkel elke boterham voor de helft in vetvrij papier (dit helpt om alle sappen op te vangen) en serveer.

24. Kalkoenschuiven Met Zoete Aardappel

Maakt 10 porties

INGREDIËNTEN

- 4 Applewood-gerookte spekreepjes, fijngehakt
- 1 pond gemalen kalkoen
- 1/2 kopje panko-kruimels
- 2 grote eieren
- 1/2 kopje geraspte Parmezaanse kaas
- 4 eetlepels gehakte verse koriander
- 1 theelepel gedroogde basilicum
- 1/2 theelepel gemalen komijn
- 1 eetlepel sojasaus
- 2 grote zoete aardappelen
- Geraspte Colby-Monterey Jack-kaas

INSTRUCTIES

a) Bak spek in een grote koekenpan op middelhoog vuur tot het knapperig is; laat uitlekken op keukenpapier. Gooi alle druppels behalve 2 eetlepels weg. Zet de koekenpan opzij. Combineer spek met de volgende 8 ingrediënten tot goed gemengd; dek af en koel minstens 30 minuten.

b) Verwarm de oven voor op 425 °. Snijd zoete aardappelen in 20 plakjes van ongeveer 1/2 inch dik. Leg de plakjes op een niet-ingevette bakplaat; bak tot de zoete aardappelen zacht maar niet papperig zijn, 30-35 minuten. Verwijder plakjes; afkoelen op een rooster.

c) Verhit de koekenpan met gereserveerde druppels op middelhoog vuur. Vorm van het kalkoenmengsel pasteitjes ter grootte van een schuif. Bak de schuivers in porties, 3-4 minuten aan elke kant, zorg ervoor dat de koekenpan niet te vol raakt. Voeg een snufje geraspte cheddar toe nadat je elke schuif de eerste keer hebt omgedraaid. Kook tot een thermometer 165 ° aangeeft en de sappen helder zijn.

d) Plaats om te serveren elke schuif op een schijfje zoete aardappel; dep met honing Dijon-mosterd. Dek af met een tweede schijfje zoete aardappel. Prik met een tandenstoker.

25. Witte kasteel hamburgerschuiven

Opbrengst: 10 porties

INGREDIËNTEN
- 2 pond mager rundergehakt
- ¼ kopje droge gehakte ui
- ¼ kopje heet water
- 3 ons Jar gespannen rundvlees babyvoeding
- ⅔ kopje heldere runderbouillon
- 1 pakje hotdogbroodjes

INSTRUCTIES

a) Week ¼ kopje droge gehakte uien in ¼ kopje heet water tot ze zacht zijn, terwijl je 2 pond rundergehakt mengt met 3-ounce pot babyvoeding van gespannen rundvlees en ⅔ kopje heldere runderbouillon.

b) Houd pasteitjes uniform met ¼ kopje vleesmengsel voor elk pasteitje, afgeplat tot ¼ "en snel gebakken in 1 T olie per pasteitje op een hete bakplaat. Maak 3 of 4 gaten in pasteitjes tijdens het frituren.

c) Snijd de hotdogbroodjes doormidden. Knip afgeronde uiteinden af. Bak 1 t uien onder elk pasteitje terwijl je draait om de 2e kant te bakken. Schuif elk pasteitje in een broodje met 2 dille-augurkchips, mosterd en ketchup.

26. Cheeseburger schuifregelaars

voor 12 schuifregelaars

INGREDIËNTEN

- 2 pond rundergehakt (910 g)
- 1 theelepel zout
- 2 theelepels peper
- 2 theelepels knoflookpoeder
- ½ witte ui, in blokjes gesneden
- 6 plakjes cheddarkaas
- 12 dinerbroodjes, of Hawaiiaanse zoete broodjes
- 2 eetlepels boter, gesmolten
- 1 eetlepel sesamzaadjes

INSTRUCTIES

a) Verwarm de oven voor op 175°C.
b) Combineer het rundvlees, zout, peper en knoflookpoeder in een omrande ovenschaal van 9 x 13 inch (23 x 33 cm), meng grondig en druk het vervolgens aan tot een vlakke, gelijkmatige laag. Bak gedurende 20 minuten. Giet de vloeistof af en zet het gekookte rundvlees opzij.
c) Snijd de rolletjes in de lengte doormidden. Leg de onderste helft in dezelfde ovenschaal. Leg het gekookte rundvlees op de broodjes, gevolgd door de uien en kaas. Bedek met de resterende broodjes.
d) Bestrijk de bovenkant van de broodjes met gesmolten boter en strooi de sesamzaadjes erover. Bak gedurende 20 minuten, of tot het brood goudbruin is en de kaas gesmolten.
e) Snijd in individuele schuivers en serveer.

27. Tempeh Reuben-sandwiches

Maakt 2 boterhammen

INGREDIËNTEN
- 8 ons tempé
- 3 eetlepels veganistische mayonaise
- 1 eetlepel zoete augurksaus
- 1 groene ui, gehakt
- 2 eetlepels olijfolie
- Zout en versgemalen zwarte peper
- 4 sneetjes rogge- of pompernikkelbrood
- ¾ kopje zuurkool, goed uitgelekt

INSTRUCTIES

a) Kook de tempeh in een middelgrote pan met kokend water gedurende 30 minuten. Giet de tempeh af en zet opzij om af te koelen. Dep droog en snijd in plakjes van 1/4 inch.

b) Combineer in een kleine kom de mayonaise, ketchup, relish en groene ui. Breng op smaak met peper en zout, meng goed en zet opzij.

c) Verhit de olie in een middelgrote koekenpan op middelhoog vuur. Voeg de tempeh toe en bak deze aan beide kanten goudbruin, in totaal ongeveer 10 minuten. Breng op smaak met zout en peper. Haal uit de pan en zet opzij.

d) Veeg de koekenpan schoon en zet opzij. Smeer margarine aan één kant van elk sneetje brood. Leg 2 sneetjes brood met de margarinekant naar beneden in de koekenpan. Smeer de dressing op beide sneetjes brood en beleg met de gebakken tempeh en de zuurkool.

e) Bedek elk met de resterende 2 sneetjes brood, met de margarinekant naar boven. Breng de broodjes over in de koekenpan en kook tot ze aan beide kanten lichtbruin zijn, één keer draaien, ongeveer 2 minuten per kant.

f) Haal de sandwiches uit de pan, snijd ze doormidden en serveer ze direct.

28. Smaakt naar Tuna Salad Sandwiches

Maakt 4 boterhammen

INGREDIËNTEN :
- 11/2 kopjes gekookt of 1 (15,5-ounce) blik kikkererwten, uitgelekt en afgespoeld
- 2 selderijribben, fijngehakt
- 1/4 kop gehakte ui
- 1 theelepel kappertjes, uitgelekt en fijngehakt
- 1 kopje veganistische mayonaise
- 2 theelepels vers citroensap
- 1 theelepel Dijon-mosterd
- 1 theelepel kelppoeder
- 4 slablaadjes
- 4 plakjes rijpe tomaat
- Zout en peper
- Brood

INSTRUCTIES

a) Pureer de kikkererwten grof in een middelgrote kom. Voeg de bleekselderij, ui, kappertjes, 1/2 kopje mayonaise, citroensap, mosterd en kelppoeder toe. Breng op smaak met zout en peper. Meng tot goed gecombineerd. Dek af en zet minimaal 30 minuten in de koelkast zodat de smaken zich kunnen vermengen.

b) Als u klaar bent om te serveren, verspreidt u de resterende 1/4 kop mayonaise op 1 kant van elk van de sneetjes brood. Leg sla en tomaat op 4 van de sneetjes brood en verdeel het kikkererwtenmengsel er gelijkmatig over. Beleg elke sandwich met de resterende boterham, met de mayonaise naar beneden, in tweeën gesneden en serveer.

29. Slordige Bulgur-sandwiches

Maakt 4 boterhammen

INGREDIËNTEN :
- 1¾ kopjes water
- 1 kop medium gemalen bulgur
- Zout
- 1 eetlepel olijfolie
- 1 kleine rode ui, fijngehakt
- 1/2 middelgrote rode paprika, fijngehakt
- 1 (14,5-ounce) kan geplette tomaten
- 1 eetlepel suiker
- 1 eetlepel gele of pittige bruine mosterd
- 2 theelepels sojasaus
- 1 theelepel chilipoeder
- Vers gemalen zwarte peper
- 4 broodjes, horizontaal gehalveerd

INSTRUCTIES

a) Breng het water in een grote pan op hoog vuur aan de kook. Roer de bulgur erdoor en zout het water lichtjes. Dek af, haal van het vuur en zet opzij tot de bulgur zacht wordt en het water is opgenomen, ongeveer 20 minuten.

b) Verhit ondertussen in een grote koekenpan de olie op middelhoog vuur. Voeg de ui en paprika toe, dek af en kook tot ze zacht zijn, ongeveer 7 minuten. Roer de tomaten, suiker, mosterd, sojasaus, chilipoeder en zout en zwarte peper naar smaak erdoor. Laat 10 minuten sudderen en roer regelmatig.

c) Schep het bulgurmengsel op de onderste helft van elk van de broodjes, bedek met de andere helft en serveer.

30. Garden Patch Sandwiches Op Brood

Maakt 4 boterhammen

INGREDIËNTEN :
- 1 pond extra stevige tofu, uitgelekt en drooggedept
- 1 middelgrote rode paprika, fijngehakt
- 1 selderijrib, fijngehakt
- 3 groene uien, gehakt
- 1/4 kopje gepelde zonnebloempitten
- 1/2 kopje veganistische mayonaise
- 1/2 theelepel zout
- 1/2 theelepel selderijzout
- 1/4 theelepel versgemalen zwarte peper
- 8 sneetjes volkorenbrood
- 4 (1/4-inch) plakjes rijpe tomaat
- sla blaadjes

INSTRUCTIES

a) Verkruimel de tofu en doe deze in een grote kom. Voeg de paprika, selderij, groene uien en zonnebloempitten toe. Roer de mayonaise, zout, selderijzout en peper erdoor en meng tot alles goed gemengd is.

b) Toast het brood eventueel. Verdeel het mengsel gelijkmatig over 4 sneetjes brood. Bedek elk met een plakje tomaat, slablad en het resterende brood. Snijd de sandwiches diagonaal doormidden en serveer.

31. Broodjes Fruit En Noten

Maakt 4 boterhammen

INGREDIËNTEN :
- 2/3 kopje amandelboter
- 1/4 kopje agavenectar of pure ahornsiroop
- 1/4 kop gehakte walnoten of andere noten naar keuze
- 1/4 kopje gezoete gedroogde veenbessen
- 8 sneetjes volkorenbrood
- 2 rijpe Bosc- of Anjou-peren, klokhuis verwijderd en in dunne plakjes gesneden

INSTRUCTIES

a) Meng in een kleine kom de amandelboter, agavenectar, walnoten en veenbessen en roer tot alles goed gemengd is.

b) Verdeel het mengsel over de sneetjes brood en verdeel gelijkmatig. Beleg 4 sneetjes brood met de plakjes peer, met de uitgespreide kant naar boven. Leg de resterende sneetjes brood met de uitgespreide kant naar beneden op de plakjes peer. Snijd de sandwiches diagonaal door en serveer direct.

32. Kip en Wafels Gegrilde Kaas

INGREDIËNTEN :

- 16 oz. Mozzarella, in plakjes
- 12 plakjes pancetta, dun gesneden
- 1 Eetlepels ahornsiroop
- 1/2 kop mayonaise
- 2 verse perziken (of 1 klein blikje perziken, uitgelekt)
- 8 diepvrieswafels
- 2 eetlepels zachte boter
- 4 - 4 ons. kippenborsten zonder been
- 1 kopje meel
- 1 kopje karnemelk ranchdressing
- 2 kopjes plantaardige olie

INSTRUCTIES

a) Bak de pancetta in een koekenpan met anti-aanbaklaag tot ze licht krokant is.
b) Meng siroop en mayonaise door elkaar en zet opzij.
c) Snijd perziken dun.
d) Leg wafels en boter aan één kant van elk. Draai en smeer mayonaise mix op de niet-beboterde kant van de wafels.
e) Meel de kip, dompel de kip vervolgens in de ranchdressing en dan weer in de bloem.
f) Breng plantaardige olie op middelhoog vuur in een koekenpan en bak de kip aan beide kanten bruin en de interne temperatuur bereikt 165 graden.
g) Leg op de mayonaisekant van de wafel mozzarella, kip, pancetta, perziken en eindig met meer mozzarella en nog een wafel.
h) In een pan met anti-aanbaklaag op middelhoog vuur een minuut laten koken en aandrukken met een spatel. Draai om en herhaal tot de kaas gesmolten en goudbruin is. Verwijderen, snijden en serveren.

33. Gegrilde Ham En Kaaswafelsandwiches

Maakt 4 porties

INGREDIËNTEN
- 8 diepgevroren broodroosterwafels
- 1 eetlepel Dijon-mosterd (optioneel)
- ½ pond gesneden delicatessenham
- ¼ pond Cheddar, in dunne plakjes gesneden
- 4 eetlepels ongezouten boter

INSTRUCTIES

a) Leg 4 van de wafels op een werkvlak. Smeer een kant van elk met de mosterd (indien gebruikt). Top met de ham, kaas en de resterende wafels. Smeer de bovenkant van elk broodje in met 1/2 eetlepel boter. Smelt de resterende boter in een grote koekenpan met anti-aanbaklaag op middelhoog vuur. Leg de sandwiches met de beboterde kant naar boven in de pan.

b) Kook, af en toe aandrukkend met de achterkant van een spatel, tot de kaas smelt en de wafels goudbruin zijn, 3 tot 4 minuten aan elke kant.

34. Pepperoni, Provolone en Pecorino Pita!

4 PERSONEN
INGREDIËNTEN :
- 4 pita's
- ½ kopje geroosterde, geschilde en in plakjes gesneden rode en/of gele paprika's
- 2 teentjes knoflook, gehakt
- 4 ons pepperoni, in dunne plakjes gesneden
- 4 ons provolone kaas, in blokjes gesneden
- 2 eetlepels versgeraspte pecorinokaas
- 4 Italiaanse of Griekse gepekelde pepers zoals pepperoncini, in dunne plakjes gesneden
- Olijfolie voor het bestrijken van pitabroodje

INSTRUCTIES

a) Snijd 1 kant van elke pitabroodje in en open ze om zakken te vormen.
b) Leg de paprika's, knoflook, pepperoni, provolone, pecorino en paprika's in elke pitabroodje en druk dicht. Bestrijk de buitenkant lichtjes met olijfolie.
c) Verhit een zware koekenpan met anti-aanbaklaag op middelhoog vuur of gebruik een tosti-ijzer of panini-pers. Doe de sandwiches in de pan.
d) Zet het vuur laag en verzwaar de sandwiches terwijl je ze aandrukt. Kook alleen tot de kaas smelt; je wilt niet dat de kazen bruin en knapperig worden, gewoon om alle vullingen bij elkaar te houden.
e) Serveer meteen.

35. Gegrilde Cheddar, Chutney en Worst

4 PERSONEN

INGREDIËNTEN :

- 1 à 2 hartige pikante worstjes, diagonaal doorgesneden
- 4 volkoren pitabroodjes, de zakken gingen open
- 3-4 eetlepels zoete en pittige mangochutney
- 2 eetlepels gehakte verse koriander
- 6-8 ons rijpe Cheddar-kaas, grof versnipperd
- 1 eetlepel olijfolie voor het bestrijken van brood
- 3 eetlepels gepelde geroosterde zonnebloempitten

INSTRUCTIES

a) Bak de gesneden worstjes in een koekenpan op middelhoog vuur bruin. Leg ze opzij om uit te lekken op keukenpapier.

b) Schik de pitabroodjes op een werkvlak. Besmeer 1 helft van de binnenkant met de chutney, voeg dan de worst, koriander en tot slot de kaas toe. Druk lichtjes om te sluiten en bestrijk de buitenkant met olijfolie.

c) Verhit een zware koekenpan met anti-aanbaklaag op middelhoog vuur of gebruik een paninipers. Voeg de gevulde pitabroodjes toe en druk licht aan; zet het vuur lager tot medium of zelfs medium-low. Bak aan 1 kant tot ze licht goudbruin zijn en de kaas smelt; draai om en lichtbruin aan de tweede kant. Als de kaas gesmolten is, uit de pan halen.

d) Serveer meteen, bestrooid met zonnebloempitten en voeg extra chutney toe om te dabben.

36. Curry Tofu "Eiersalade" Pita's

Maakt 4 boterhammen

INGREDIËNTEN :
- 1 pond extra stevige tofu, uitgelekt en drooggedept
- 1/2 kop veganistische mayonaise, huisgemaakt
- 1/4 kopje gehakte mangochutney, zelfgemaakt
- 2 theelepels Dijon-mosterd
- 1 eetlepel hete of milde kerriepoeder
- 1 theelepel zout
- 1/8 theelepel gemalen cayennepeper
- 1 kopje geraspte wortel
- 2 selderijribben, fijngehakt
- 1/4 kopje fijngehakte rode ui
- 8 kleine Boston of andere zachte slablaadjes
- 4 (7-inch) volkoren pitabroodjes, gehalveerd

INSTRUCTIES

a) Verkruimel de tofu en doe deze in een grote kom. Voeg de mayonaise, chutney, mosterd, kerriepoeder, zout en cayennepeper toe en roer goed tot alles goed gemengd is.

b) Voeg de wortels, selderij en ui toe en roer om te combineren. Zet 30 minuten in de koelkast om de smaken te laten intrekken.

c) Stop een blaadje sla in elk pitabroodje, schep wat tofumengsel op de sla en serveer.

37. Prosciutto en Taleggio met vijgen op Mesclun

4 PERSONEN

INGREDIËNTEN :
- 8 hele dunne sneetjes zuurdesembrood of stokbrood
- 3 eetlepels extra vierge olijfolie, verdeeld
- 3-4 ons prosciutto, in 8 plakjes gesneden
- 8 ons rijpe Taleggio-kaas, in stukjes van 8 cm dik gesneden
- 4 flinke handenvol salade lentemix (mesclun)
- 2 eetlepels gehakte verse bieslook
- 2 eetlepels gehakte verse kervel
- 1 eetlepel vers citroensap Zout
- Zwarte peper
- 6 rijpe zwarte vijgen, in vieren gesneden
- 1-2 theelepels balsamicoazijn

INSTRUCTIES

a) Bestrijk het brood lichtjes met een klein beetje olijfolie en leg het op een bakplaat. 2 Verwarm de oven voor op 400°F. Plaats het brood op het hoogste rek en bak ongeveer 5 minuten, of tot ze net knapperig beginnen te worden. Verwijder en laat afkoelen, ongeveer 10 minuten.

b) Als ze afgekoeld zijn, wikkel je de plakjes prosciutto om de Taleggio-plakjes en leg je ze op een stuk brood. Zet even opzij terwijl je de salade klaarmaakt.

c) Meng de greens met ongeveer 1 eetlepel olijfolie, de bieslook en de kervel en meng met het citroensap, zout en peper naar smaak. Schik op 4 borden en garneer met de vijgenkwartjes.

d) Bestrijk de bovenkant van de in prosciutto verpakte pakketjes met de resterende olijfolie, leg ze in een grote ovenvaste braadpan en bak ze 5 tot 7 minuten, of tot de kaas begint te sijpelen en de prosciutto aan de randen knapperig wordt.

e) Haal de pakketjes er snel uit en schik ze op elke salade, schud dan de balsamicoazijn in de hete pan. Wervel zodat het opwarmt en giet het dan over de salades en toastjes. Serveer meteen.

38. Fontina met Rucola, Mizuna En Peren

4 PERSONEN

INGREDIËNTEN :

- 8 sneetjes zuurdesembrood Ongeveer 6 ons bresaola, dun gesneden
- 6 -8 ons nootachtige, smaakvolle, smeltende kaas zoals fontina, Jarlsberg of Emmentaler
- Ongeveer 4 kopjes gemengde baby-rucola en mizuna, of andere zachte groenten zoals lentemix
- 2 rijpe maar stevige peren, in dunne plakjes gesneden of in julienne gesneden, in een beetje citroensap gegooid om te voorkomen dat ze bruin worden
- 1 sjalot, fijngehakt
- 1 eetlepel balsamicoazijn
- 2 eetlepels extra vierge olijfolie, plus meer om te poetsen. Zout
- Zwarte peper

INSTRUCTIES

a) Schik 4 sneetjes brood op een werkvlak en leg aan 1 kant de bresaola, bestrooi met de kaas en werk af met de overige sneetjes zuurdesembrood. Druk licht maar stevig tegen elkaar om te verzegelen.

b) Meng ondertussen de greens in een kom met de gesneden peren. Opzij zetten.

c) Meng in een kleine kom de sjalot met de balsamicoazijn en 2 eetlepels olijfolie en breng op smaak met zout en peper. Opzij zetten.

d) Bestrijk de sandwiches met een klein beetje olijfolie. Verhit een sandwichpers of een zware koekenpan met anti-aanbaklaag op middelhoog vuur en plaats de sandwiches in de pan. U zult dit waarschijnlijk in 2 batches moeten doen. Weeg de sandwiches . Bak tot het brood knapperig en goudbruin is, draai het dan om en herhaal aan de tweede kant, tot de kaas gesmolten is.

e) Meng net voordat de broodjes klaar zijn de salade met de dressing. Verdeel de salade over 4 borden. Als de broodjes klaar zijn, haal ze uit de pan, snijd ze in vieren en leg er 4 op elk bord salade.

f) Serveer meteen.

39. Chèvre Sandwiches in Salade

4 PERSONEN

INGREDIËNTEN :

- Ongeveer ½2 baguettes, in 12 diagonale plakjes van ongeveer ½ inch dik gesneden
- 2 eetlepels extra vergine olijfolie, of naar behoefte
- 3 ons geitenkaas met korst, zoals Lezay, gesneden van ¼ tot ½ inch dik
- Royale snufje gedroogde of verse tijmblaadjes
- Zwarte peper
- 1 eetlepel rode wijnazijn, verdeeld
- Ongeveer 6 kopjes gemengde groenten, zoals lentemix, inclusief een beetje jonge frisée en rucola
- 2 eetlepels gehakte verse peterselie, bieslook, kervel of een combinatie
- 1 eetlepel walnotenolie
- ¼ kopje walnootstukjes

INSTRUCTIES

a) Verwarm de grill voor.
b) Bestrijk de sneetjes stokbrood met een beetje olijfolie, leg ze op een bakplaat en gril ze ongeveer 5 minuten, of tot ze aan één kant goudbruin zijn. Haal van de grill.
c) Draai het geroosterde brood om en leg op de ongeroosterde kanten een plakje of 2 van de geitenkaas. De hoeveelheid die je per broodje gebruikt hangt af van hoe groot je sneetjes stokbrood zijn. Besprenkel de toppen met een klein beetje olijfolie, strooi de tijm en zwarte peper erover en schud een paar druppels azijn over de kazen.
d) Meng ondertussen de salade met de gehakte kruiden en dressing met de walnotenolie en de resterende olijfolie en azijn, en besprenkel met de walnootstukjes. Schik op 4 grote borden of in ondiepe soepkommen.
e) Leg de toastjes met geitenkaas onder de grill en gril ze ongeveer 5 minuten, of tot de kaas zacht is en de bovenkant op sommige plaatsen begint te bubbelen, de kleur van de kaas goudbruin getint.

f) Leg direct op elk bord 3 warme broodjes geitenkaas bovenop de geklede salade en serveer direct.

40. Sizzled Halloumi Sandwiches Met Limoen

4 PERSONEN
INGREDIËNTEN :
- 1 krop boter of Boston Bibb-sla, bijgesneden en gescheiden in bladeren
- 1 milde witte ui, geschild en in dunne plakjes gesneden
- 4 eetlepels extra vierge olijfolie, verdeeld
- 1 theelepel witte wijnazijn
- 3 grote rijpe tomaten, in partjes gesneden
- Zout
- Zwarte peper
- ½ stokbrood, in 12 diagonale plakken van ongeveer ½ inch dik gesneden
- 12 ons halloumi, in plakjes van ongeveer ½ inch dik
- 2 limoenen, in partjes gesneden (of ongeveer 2 eetlepels vers limoensap) Een snufje gedroogde oregano

INSTRUCTIES
a) Verwarm de grill voor.
b) Meng in een grote kom de sla en ui door elkaar en meng met ongeveer 2 eetlepels olijfolie en azijn. Verdeel over 4 borden en garneer elk met partjes tomaat; bestrooi de salades met peper en zout en zet apart.
c) Bestrijk de sneetjes stokbrood met wat olijfolie, leg ze op een bakplaat en gril ze aan beide kanten lichtjes. Opzij zetten.
d) Leg de halloumi op een bakplaat en bestrijk ze met wat olijfolie. Rooster aan 1 kant tot ze bruin zijn en verwijder ze dan. Keer elke plak kaas om en leg ze op een toast, bestrijk ze opnieuw met olijfolie en leg ze terug in de grill. Braden tot ze warm en lichtbruin zijn op plekken.
e) Leg 3 hete halloumi-toasts op elke salade, pers limoensap over de halloumi en laat een beetje over de salades sprenkelen. Bestrooi met oregano en serveer.

41. <u>**Truffel Toast En Rucola Salade**</u>

4 PERSONEN
INGREDIËNTEN :
- 4 vrij dikke plakken pain au levain, elke plak in vieren gesneden
- Ongeveer 2 theelepels truffelolie, of naar smaak (de smaken van verschillende truffeloliën kunnen sterk variëren)
- 2 rijpe St. Marcellin-kazen (elk ongeveer 2 ½ ounce)
- Een snufje zout
- Ongeveer 8 ons jonge rucolablaadjes (ongeveer 4 kopjes losjes verpakt)
- 2 eetlepels extra vierge olijfolie Een paar shakes sherryazijn

INSTRUCTIES
a) Verwarm de oven voor op 400°F.
b) Leg de stukjes pain au levain op een bakplaat en rooster ze aan beide kanten lichtjes in de oven. Haal ze uit de oven en besprenkel elk met een beetje truffelolie, en leg vervolgens ongeveer 1 eetlepel St. Marcellin-kaas op elke toast.
c) Bestrooi de kaas lichtjes met een snufje zout. Zet even terug in de oven.
d) Verdeel ondertussen de rucola over 4 borden. Schud over elk bord een beetje olijfolie, een beetje truffelolie en hier en daar een paar druppels sherryazijn. Niet gooien, laat de druppels gewoon op de borden liggen.
e) Haal de kaastoasts al na 30 tot 45 seconden uit de oven. Je wilt niet dat de kaas helemaal smelt of sist en vettig wordt; je wilt dat het gewoon een beetje warm en romig wordt.
f) Leg 4 hete toastjes op elk saladebord en serveer direct.

42. Ham, Kaas en Ananas

4 PERSONEN

INGREDIËNTEN :
- 6-8 ons kalkoenham, grof gehakt of in linten gesneden als deze al dun gesneden is
- 3 eetlepels mayonaise of naar behoefte
- 4 dikke plakken verse ananas of 5 plakken ingeblikt in eigen sap
- 8 sneetjes volkoren- of tarwebessenbrood, dun gesneden
- Ongeveer 12 tot 15 sneetjes augurken met brood en boter
- ½ ui, dun gesneden
- Ongeveer 8 ons Taleggio-kaas (schil afgesneden), of scherpe Cheddar-kaas, in plakjes
- Extra vierge olijfolie voor het bestrijken van brood

INSTRUCTIES

a) Meng in een kleine kom de kalkoenham met de mayonaise. Zet het opzij.
b) Snijd de ananas in blokjes of grof en leg deze opzij in een kom. Als je vers gebruikt, gooi het dan naar smaak met suiker.
c) Leg de sneetjes brood neer. Verdeel op 4 van hen de ananas. Leg op de andere 4 eerst wat augurken, dan het kalkoenhamsalademengsel, dan wat ui en de Taleggio. Beleg voorzichtig met de met ananas belegde sneetjes brood om sandwiches te vormen en druk stevig aan. Bestrijk elke kant lichtjes met de olijfolie.
d) Verhit een zware koekenpan met anti-aanbaklaag of paninipers op middelhoog vuur. Leg de sandwiches in de pan, bruin en pers, tot de eerste kant knapperig en goudbruin is en de kaas begint te smelten; gebruik dan je spatel en eventueel een beetje hulp van je hand, draai de sandwiches voorzichtig om en bak aan de tweede kant, terwijl je ze aandrukt terwijl ze bruin worden.
e) Als de sandwiches aan beide kanten knapperig en lichtbruin zijn en de kaas is gesmolten, haal je ze uit de pan, snijd ze in tweeën en serveer.

43. Ricotta Granola Crumble Gegrilde Kaas

INGREDIËNTEN :

- 15 ons. Ricotta
- 4 eieren
- 1/2 kopje melk
- 8 plakjes pancetta
- 1 kleine rode ui, dun gesneden
- 5 Eetlepels zachte boter, verdeeld
- 1/2 kopje bruine suiker
- 2 kopjes muesli
- 8 sneetjes kaneelswirlbrood

INSTRUCTIES ;

a) Klop de eieren los met melk en zet apart.
b) Voeg pancetta toe aan de voorverwarmde koekenpan en bak tot ze krokant is op middelhoog vuur. Verwijder en zet opzij.
c) Doe de uien in de voorverwarmde koekenpan met 1 Eetlepels boter. Zodra de uien beginnen te koken, voeg bruine suiker toe en kook tot ze zacht zijn.
d) Doe de granola in een kom en zet deze naast de eierkom.
e) Leg sneetjes brood en smeer boter aan één kant van elke plak, gebruik in totaal 2 eetlepels boter. Smeer op de onbeboterde kant een dikke laag ricotta.
f) Top ricotta met uien en pancetta en bedek met de resterende boterham. Doop de hele boterham in het eimengsel wanneer deze gesloten is en breng over naar de granola om alle kanten volledig te bedekken.
g) Verwarm een pan met anti-aanbaklaag en smelt 2 eetlepels boter op laag tot middelhoog vuur. Zodra de boter is gesmolten, voegt u de sandwich toe en kookt u ongeveer 90 seconden, terwijl u deze aandrukt met een spatel. Draai om en herhaal tot ze knapperig zijn. Verwijderen, snijden en serveren.

44. Lasagne Gegrilde Kaas

INGREDIËNTEN :

- 16 oz. Mozzarella, in plakjes
- 15 ons. Ricotta
- 2 Eetlepels Geraspte Parmezaanse kaas, verdeeld 1/2 theelepel zwarte peper
- 1 theelepel verse knoflook, gehakt
- 16 oz. gehakt
- 1 Eetlepels verse basilicum, gemengd
- 8 sneetjes Italiaans brood
- 2 eetlepels zachte boter
- 1 theelepel knoflookpoeder
- 16 oz. tomatensaus, verdeeld

INSTRUCTIES ;

a) Meng in een mengkom ricotta, 1 eetlepel Parmezaanse kaas, zwarte peper, knoflook en basilicum. Opzij zetten.
b) Verhit een grote koekenpan op middelhoog vuur. Kook en roer het rundergehakt tot het volledig bruin is, ongeveer 7-10 minuten.
c) Leg het brood neer, beboter een kant en bestuif met knoflookpoeder en de resterende Parmezaanse kaas.
d) Verspreid op de niet-beboterde kant van 4 stukken het ricottamengsel (ongeveer 1-2 eetlepels per stuk). Leg het gekookte rundergehakt op de ricotta, gevolgd door de plakjes mozzarella. Smeer op de resterende 4 stukken 1-2 eetlepels tomatensaus en leg ze op de mozzarella om de broodjes af te sluiten.
e) Verplaats naar een voorverwarmde pan op middelhoog vuur en kook ongeveer 90 seconden, druk naar beneden met een spatel. Draai om en herhaal tot de kaas gesmolten en goudbruin is.
f) Verwijder, snijd en serveer met de resterende tomatensaus om de sandwich te dippen of te bedekken.

45. Italiaanse klassieke gegrilde kaas

INGREDIËNTEN :

- 16 oz. Mozzarella, in plakjes
- 2 Eetlepels Geraspte Parmezaanse kaas
- 4 worstjes
- 1 groene paprika, dun gesneden
- 1 rode paprika, dun gesneden
- 1 kleine ui, dun gesneden
- 1/4 kopje olijfolie
- 3/4 theelepel knoflookpoeder
- 8 sneetjes Italiaans brood
- 2 eetlepels zachte boter

INSTRUCTIES ;

a) Kook de worstpasteitjes tot een interne temperatuur van 165 graden F op de grill of in een grillpan.
b) Leg gesneden paprika's en uien op een bakplaat. Smeer licht in met olie en bestuif met knoflookpoeder. Bak gedurende 10 minuten op 375 graden F tot ze zacht zijn.
c) Leg de sneetjes brood neer en besmeer ze aan één kant met boter. Kruid de beboterde kant met knoflookpoeder en Parmezaanse kaas.
d) Leg op de onbeboterde kant een plakje mozzarella, worstpasteitje, paprika en uien en eindig met meer mozzarella.
e) Sluit de sandwich en plaats deze in een pan met anti-aanbaklaag op middelhoog vuur. Laat ongeveer een minuut koken en druk het aan met een spatel.
f) Draai om en herhaal tot de kaas gesmolten en goudbruin is. Verwijderen, snijden en serveren.

46. Mediterrane Gehaktbal Gegrilde Kaas

INGREDIËNTEN :

- 16 oz. Mozzarella, in plakjes
- 15 ons. Ricotta
- 2 Eetlepels Parmezaanse kaas, verdeeld
- 8 sneetjes Italiaans brood, dik gesneden
- 2 eetlepels zachte boter
- 16 oz. tomatensaus
- 4 Oz. pestosaus of 12-16 verse basilicumblaadjes, vermengd met 1/4 kopje olijfolie
- 2 takjes verse munt (ca. 12-16 blaadjes), gehakt
- 8 - 2 ons. bevroren gehaktballen (gekookt), in plakjes

INSTRUCTIES ;

a) Leg sneetjes brood neer. Smeer boter aan één kant van elk en bestuif 1 eetlepel Parmezaanse kaas op de boterkanten.
b) Keer om en smeer op niet-beboterde kanten tomatensaus en een dikke laag ricotta. Smeer pesto op kaas, gevolgd door gehakte munt en resterende Parmezaanse kaas. Leg vervolgens plakjes gehaktbal op elkaar en bedek met mozzarella.
c) Sluit de sandwich en verplaats naar een medium voorverwarmde pan met anti-aanbaklaag. Laat ongeveer 90 seconden koken en druk het aan met een spatel. Draai om en herhaal tot de kaas gesmolten en goudbruin is. Verwijderen, snijden en serveren.

47. Spinazie Pesto en Avocado Gegrilde Kaas

INGREDIËNTEN :

- 16 oz. Mozzarella, in plakjes
- 15 ons. Ricotta
- 1 Eetlepels Parmezaanse kaas, geraspt
- 2 eetlepels verse basilicum, fijngehakt
- 8 sneetjes marmer roggebrood
- 2 eetlepels zachte boter
- 1 - 8oz. verpak diepvriesspinazie, ontdooid en uitgelekt
- 2 avocado's (rijp), ontpit en in plakjes

INSTRUCTIES ;

a) Meng in een kleine mengkom ricotta, pesto en Parmezaanse kaas en meng met een vork tot het gemengd is. Vouw om ricotta extra luchtig te maken. Opzij zetten.

b) Leg de sneetjes brood neer en smeer boter aan één kant van elk stuk.

c) Smeer 1-2 eetlepels ricottamengsel op de onbeboterde kant van 4 plakjes.

d) Verdeel de spinazie en leg deze op de ricottakant, gevolgd door de avocado en mozzarella.

e) Sluit de sandwich en plaats deze in een medium voorverwarmde pan. Laat ongeveer 90 seconden koken en druk het aan met een spatel. Draai om en herhaal tot de kaas gesmolten en goudbruin is. Verwijderen, snijden en serveren.

48. Aardbei Basilicum Prosciutto Gegrilde Kaas

INGREDIËNTEN :

- 12 ons. Verse mozzarella, in plakjes
- 8 sneetjes witbrood, dik gesneden
- 2 eetlepels zachte boter
- 8 verse aardbeien (middelgroot tot groot), dun gesneden
- 12 verse basilicumblaadjes, heel
- 8 plakjes prosciutto, dun gesneden
- 2 ons. balsamico glazuur

INSTRUCTIES ;

a) Leg sneetjes brood en boter aan één kant van elk.
b) Leg op de onbeboterde kant verse mozzarella, aardbeien, basilicumblaadjes en prosciutto. Besprenkel met balsamico glazuur; leg het resterende brood erop en doe het in een voorverwarmde pan met anti-aanbaklaag. Laat ongeveer een minuut koken en druk het aan met een spatel. Draai om en herhaal tot ze goudbruin zijn.
c) Verwijderen, besprenkelen met extra balsamicoglazuur indien gewenst, snijden en serveren.

49. Ricotta Boter En Jam Gegrilde Kaas

INGREDIËNTEN :

- 15 ons. Ricotta
- 4 eetlepels amandelboter
- 2 theelepels honing
- 12 plakjes pancetta (spek kan worden vervangen)
- 8 sneetjes witbrood, dik gesneden
- 2 eetlepels zachte boter
- 8 eetlepels aardbeienjam of gelei

INSTRUCTIES

a) Combineer amandelboter, honing en ricotta in een kleine mengkom. Opzij zetten.
b) Bak de pancetta knapperig.
c) Leg de sneetjes brood neer en smeer boter aan één kant van elk stuk. Draai het brood om en smeer op de niet-beboterde kant het ricotta/amandelbotermengsel, gevolgd door gelei/jam en pancetta.
d) Sluit de sandwich en verplaats deze naar een voorverwarmde pan op laag tot middelhoog vuur.
e) Kook ongeveer 90 seconden, druk naar beneden met een spatel Draai en herhaal tot ze goudbruin zijn. Verwijderen, snijden en serveren.

50. Buffalo Kip Gegrilde Kaas

INGREDIËNTEN :

- 16 oz. Mozzarella, in plakjes
- 4 - 4 ons. kipfilet zonder been, in plakjes gesneden 1/4 kop plantaardige olie 1/2 kop hete saus
- 1 stengel bleekselderij, klein
- 1 wortel, klein
- 8 sneetjes wit brood
- 2 eetlepels zachte boter
- 1 kopje blauwe kaasdressing

INSTRUCTIES

a) Leg de kip op een bord. Smeer beide kanten in met de olie en leg ze op een voorverwarmde grill of grillpan. Kook tot een interne temperatuur van 165 graden F, ongeveer. 3 minuten aan elke kant. Haal van de grill en plaats in hete saus. Opzij zetten.

b) Selderij in kleine stukjes snijden. Wortel schillen en met een doosrasp schaven.

c) Neem 8 sneetjes brood, beboter een kant en besmeer de andere kant met blauwe kaas. Leg aan de kant van de blauwe kaas mozzarella, kip, selderij, wortelen en werk af met meer mozzarella.

d) Bedek met het andere stuk brood en plaats het in een pan met anti-aanbaklaag op middelhoog vuur. Laat ongeveer een minuut koken en druk het aan met een spatel.

e) Draai om en herhaal tot de kaas gesmolten en goudbruin is. Verwijderen, snijden en serveren.

51. Vegetarische Pizza Gegrilde Kaas

INGREDIËNTEN :

- 16 oz. Mozzarella, in plakjes
- 15 ons. Ricotta
- 4 Eetlepels Parmezaanse kaas, verdeeld
- 1 aubergine, klein
- 2 rode paprika's
- 1 courgette, groot
- 3/4 kop olijfolie, verdeeld
- 1 theelepel verse knoflook, gehakt
- 4 - 8 inch pizzabodems, voorgekookt
- 1 takje verse rozemarijn, gesteeld en fijngehakt

INSTRUCTIES

a) Verwarm de oven voor op 375 graden F.
b) Schil de aubergine en snij in plakjes van 1/4 inch. Snijd paprika en courgette in plakjes van 1/4 inch. Leg de groenten op een bakplaat en bestrijk ze lichtjes met olijfolie. Bak in de oven op 375 graden gedurende 15-20 minuten tot ze zacht zijn.
c) Voeg in een mengkom ricotta, knoflook en de helft van de Parmezaanse kaas toe en meng met een vork tot het gemengd is. Vouw om ricotta extra luchtig te maken. Opzij zetten.
d) Leg de voorgebakken pizzabodem neer en bestrijk lichtjes met de resterende olijfolie. Bestrooi een kant met de gehakte rozemarijn en de resterende Parmezaanse kaas. Keer om en verdeel het ricottamengsel op de ongekruide kant. Opzij zetten.
e) Zodra de groenten klaar zijn, stelt u de sandwich samen door aubergine, courgette en paprika's op de ricotta-helft van de korst te leggen, gevolgd door de mozzarella. Sluit en plaats in een voorverwarmde koekenpan of pan met anti-aanbaklaag op laag tot middelhoog vuur. Zorg ervoor dat de pan groter is dan de korst.

f) Laat ongeveer 90 seconden koken en druk het aan met een spatel. Draai om en herhaal tot ze goudbruin zijn en de kaas volledig is gesmolten. Verwijderen, snijden en serveren.

52. Cheddar en Zuurdesem Gegrilde kaas

Opbrengst 1 portie

INGREDIËNTEN :

- 2 stuks zuurdesembrood
- 1 ½ eetlepel ongezouten boter
- 1 ½ eetlepel mayonaise
- 3 plakjes cheddarkaas

INSTRUCTIES

a) Vet elk stuk brood op een snijplank in met boter aan één kant.
b) Draai het brood om en besmeer elk stuk brood met mayonaise.
c) Leg de kaas op de beboterde kant van een stuk brood. Bedek het met het tweede stuk brood, mayonaise naar buiten.
d) Verhit een pan met anti-aanbaklaag op middelhoog vuur.
e) Leg de sandwich op de pan, met de mayonaise kant naar beneden.
f) Kook gedurende 3-4 minuten, tot ze goudbruin zijn.
g) Draai de sandwich met een spatel om en kook verder tot ze goudbruin is, ongeveer 2-3 minuten.

53. Tosti

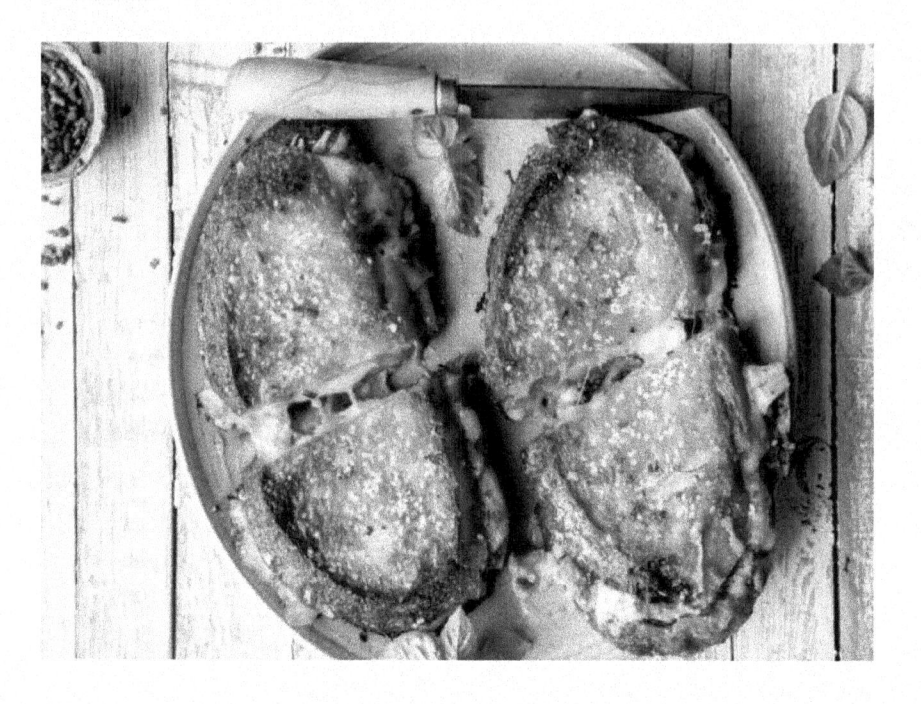

Opbrengst 2

INGREDIËNTEN :

- 4 sneetjes wit brood
- 3 eetlepels boter, verdeeld
- 2 plakjes Cheddarkaas

INSTRUCTIES

a) Verwarm de koekenpan voor op middelhoog vuur.
b) Vet een kant van een boterham royaal in met boter. Leg het brood met de boterzijde naar beneden op de bodem van de koekenpan en voeg 1 plakje kaas toe.
c) Beboter een tweede sneetje brood aan één kant en leg de beboterde kant naar boven op de boterham.
d) Grill tot lichtbruin en draai om; ga door met grillen tot de kaas gesmolten is.
e) Herhaal met de resterende 2 sneetjes brood, boter en plakje kaas.

54. Spinazie en Dille Havarti Sandwich

4 PERSONEN

INGREDIËNTEN :
- 8 dunne sneetjes Italiaans boerenwitbrood
- 3-4 eetlepels witte truffelpasta of andere truffel of truffelporcini
- 4 ons Taleggio-kaas, in plakjes
- 4 ons fontina kaas, in plakjes Zachte boter om op brood te smeren

INSTRUCTIES

a) Besmeer 1 kant van elk sneetje brood lichtjes met truffelpasta. Beleg 4 van de sneetjes met de Taleggio en fontina en bedek elk met een ander truffelpasta-smeerbrood.

b) Smeer lichtjes boter op de buitenkant van elke sandwich en verwarm vervolgens een panini-pers of een zware koekenpan met anti-aanbaklaag op middelhoog vuur.

c) Bak de sandwiches bruin en draai ze een of twee keer tot het brood knapperig en goudbruin is en de kaas is gesmolten.

d) Serveer onmiddellijk, geurig met truffel en druipende gesmolten kaas, in vieren gesneden of sierlijke repen.

55. Gegrilde Jack on Rogge met Mosterd

DIENSTEN 4 _

INGREDIËNTEN :
- 2 eetlepels tapenade van groene olijven
- 3 eetlepels milde Dijon-mosterd
- 8 sneetjes roggebrood zonder pit
- 8-10 ons Jack-kaas, of andere milde witte kaas (zoals Havarti of Edam), in plakjes
- Olijfolie voor het bestrijken van brood

INSTRUCTIES

a) Meng de tapenade met de mosterd in een kleine kom.
b) Spreid het brood uit en besmeer 4 sneetjes aan één kant met de tapenade-mosterd naar smaak. Bestrooi met de kaas en het tweede stuk brood en druk goed aan.
c) Bestrijk de buitenkant van elke sandwich lichtjes met de olijfolie en bruin in een tosti-ijzer, panini-pers of zware koekenpan met anti-aanbaklaag, verzwaard om de sandwiches te persen terwijl ze bruin worden.
d) Kook op middelhoog vuur tot de buitenkant licht krokant is en de kaas van binnen smelt.
e) Serveer warm en sissend, goudbruin.

56. Radicchio en Roquefort op Pain au Levain

4 PERSONEN

INGREDIËNTEN :
- 6-8 ons Roquefort-kaas
- 8 dunne sneetjes pain au levain of zuurdesembrood
- 3 eetlepels geroosterde grof gehakte pecannoten
- 4-8 grote bladeren radicchio
- Olijfolie om mee te smeren, of zachte boter om op brood te smeren

INSTRUCTIES

a) Verdeel de Roquefort-kaas gelijkmatig over alle 8 sneetjes brood.
b) Bestrooi 4 van de smeerkaasplakjes met pecannoten en bedek elk met een stuk of 2 radicchio; gebruik genoeg van de bladeren om over de randen te gluren. Bedek elk met een tweede stuk smeerkaasbrood en druk samen om te verzegelen. Bestrijk de buitenkant met de olie of boter.
c) Verhit een zware koekenpan met anti-aanbaklaag of paninipers op middelhoog vuur. Plaats de sandwiches in de pan, werk in 2 batches, afhankelijk van de grootte van de pan. Verzwaar volgens de tip op en kook, draai een of twee keer tot het brood knapperig is en de kaas is gesmolten.
d) Serveer onmiddellijk, in tweeën of kwarten gesneden.

57. Knoflook Gegrilde Kaas Op Rogge

4 PERSONEN

INGREDIËNTEN :
- 4 grote, dikke sneden zuurdesem roggebrood
- 4 teentjes knoflook, gehalveerd
- 4-6 ons fetakaas, dun gesneden of verkruimeld
- 2 eetlepels gehakte verse bieslook of groene ui
- Ongeveer 6 ons dun gesneden of versnipperde milde witte smeltkaas zoals Jack, medium Asiago of Chaume

INSTRUCTIES

a) Verwarm de grill voor.
b) Rooster het brood lichtjes op een bakplaat onder de grill. Wrijf beide kanten in met knoflook. Snipper de overgebleven knoflook en leg deze even opzij.
c) Leg de feta over de met knoflook ingewreven toastjes, bestrooi met de overgebleven gehakte knoflook, dan met bieslook en bedek met de tweede kaas.
d) Rooster tot de kaas smelt en sist, lichtbruin wordt op plekken en de randen van de toast knapperig en bruin zijn.
e) Serveer meteen, heet en druipend.

58. Britse gesmolten kaas en augurk

4 PERSONEN

INGREDIËNTEN :
- 4 sneetjes hartig smaakvol wit- of volkorenbrood
- Ongeveer 3 eetlepels Augurk, grof gehakt
- 6-8 ons sterke belegen Cheddar-kaas of Engelse Cheshire, in plakjes

INSTRUCTIES

a) Verwarm de grill voor.
b) Schik het brood op een bakplaat. Rooster lichtjes onder de grill, verwijder de augurk en verdeel de augurk royaal over het licht geroosterde brood; bestrooi met de kaas en schuif onder de grill tot de kaas smelt.

59. Verse Mozzarella, Prosciutto en Vijgenjam

4 PERSONEN

INGREDIËNTEN :
- 4 zachte Franse of Italiaanse broodjes (of half gebakken indien beschikbaar)
- 10-12 ons verse mozzarella, dik gesneden
- 8 ons prosciutto, dun gesneden
- ¼-½ kopje vijgenjam of vijgenconserven, naar smaak
- Zachte boter om op brood te smeren

INSTRUCTIES

a) Verdeel elke rol en beleg met de mozzarella en prosciutto. Besmeer de bovenste plakken met de vijgenjam en sluit af.
b) Vet de buitenkant van elke boterham licht in met boter.
c) Verhit een zware koekenpan met anti-aanbaklaag of paninipers op middelhoog vuur. Plaats de sandwiches in de pan en werk in twee batches, afhankelijk van de grootte van de pan. Druk of sluit de grill en bruin, een of twee keer draaien, tot het brood knapperig is en de kaas is gesmolten. Hoewel de broodjes in het begin rond zijn, zijn ze na het persen aanzienlijk platter en kunnen ze gemakkelijk worden omgedraaid, zij het voorzichtig.

60. Zeldzaam rosbief met blauwe kaas

4 PERSONEN

INGREDIËNTEN :
- 4 zachte zuurdesem- of zoete broodjes
- 10-12 ons blauwe kaas, op kamertemperatuur voor gemakkelijker verspreiden
- 8-10 ons zeldzaam rosbief, dun gesneden
- Handvol waterkersblaadjes
- Zachte boter om op brood te smeren

INSTRUCTIES

a) Verdeel elke rol en besmeer ze royaal met blauwe kaas aan elke kant. Leg in elke rol het rosbief, vervolgens de waterkersblaadjes en sluit ze weer, goed aandrukkend om te verzegelen.

b) Vet de buitenkant van elke boterham licht in met boter.

c) Verhit een zware koekenpan met anti-aanbaklaag of panini-pers op middelhoog vuur.

d) Plaats de sandwiches in de pan, werk in 2 batches, afhankelijk van de grootte van de pan.

e) Gewicht naar beneden en kook, een of twee keer draaien tot het brood knapperig is en de kaas is gesmolten.

61. Rode Leicester Met Ui

4 PERSONEN

INGREDIËNTEN :
- 8 dunne plakjes zachte volkoren, gekiemde tarwebes, dille of hartig wit zoals aardappelbrood
- ½ middelgrote ui, geschild en zeer dun gesneden kruiselings
- 10-12 ons milde Cheddar-type kaas
- Olijfolie om mee te bestrijken of zachte boter om op brood te smeren
- Een milde, pittige, zeer interessante mosterd naar keuze

INSTRUCTIES

a) Leg de sneetjes brood erop. Bedek 4 sneetjes brood met een enkele laag ui en vervolgens voldoende kaas om het brood en de ui volledig te bedekken. Beleg elk met de resterende sneetjes brood om sandwiches te vormen en druk ze goed aan.

b) Bestrijk de buitenkant van de sandwiches met olijfolie of besmeer ze met zachte boter.

c) Verhit een zware anti-aanbak koekenpan of sandwichpers op middelhoog vuur, voeg dan de sandwiches toe en zet het vuur laag tot medium. Plaats een [gewicht bovenop](#) als u een koekenpan gebruikt en verlaag het vuur als het dreigt te verbranden. Controleer af en toe; als ze aan één kant goudbruin en in vlokken bruin zijn, draai ze dan om, verzwaar ze en bak de andere kant bruin.

d) Serveer onmiddellijk, snij in partjes of driehoeken, vergezeld van mosterd om te deppen.

62. Spinazie en Dille Havarti op Brood

4 PERSONEN

INGREDIËNTEN :
- 2 teentjes knoflook, gehakt
- 2 eetlepels extra vierge olijfolie, verdeeld
- 1 kopje gekookte, gehakte spinazie, uitgelekt en droog geperst
- 8 sneetjes meergranenbrood of 1 stuk focaccia, ongeveer 30 x 45 cm, horizontaal doorgesneden
- 8 ons dille Havarti, in plakjes

INSTRUCTIES

a) Verwarm in een koekenpan met zware anti-aanbaklaag op middelhoog vuur de knoflook in 1 eetlepel olijfolie, voeg dan de spinazie toe en kook samen een moment of twee om door te warmen.
b) Verdeel de kaas over 4 sneetjes brood (of de onderste laag van de focaccia), bestrooi met de spinazie en een tweede stuk brood (of de bovenkant van de focaccia).
c) Druk ze samen om goed af te sluiten en bestrijk de buitenkant van de sandwiches dan lichtjes met de resterende olijfolie.
d) Bak de sandwiches bruin in de koekenpan, verzwaar ze of in een paninipers op middelhoog vuur. Bak tot ze licht krokant en goudbruin zijn aan één kant, draai ze om en bak de andere kant bruin. Als de kaas gesmolten is, is de sandwich klaar.
e) Dien onmiddellijk op, snij diagonaal.

63. Open gegrilde Cheddar en dille augurk

4 PERSONEN

INGREDIËNTEN :
- 4 sneetjes witbrood van goede kwaliteit
- 6-8 ons rijpe Cheddar-kaas, in dunne plakjes gesneden
- 1-2 zoete augurken of koosjere dille-augurken, in dunne plakjes gesneden

INSTRUCTIES

a) Verwarm de grill voor.
b) Rooster het brood lichtjes onder de grill en bedek elk sneetje met een beetje kaas, de augurk en meer kaas. Rooster tot de kaas smelt en de randen van het brood knapperig en bruin worden.
c) Serveer direct, in vieren gesneden.

64. Harry's Bar Special

MAAKT 12; VOOR 4 PERSONEN

INGREDIËNTEN :
- 6 ons Gruyère, Emmentaler of andere Zwitserse kaas, grof geraspt
- 2-3 ons in blokjes gesneden gerookte ham
- Een flinke snuf droge mosterd
- Een paar shakes Worcestershire-saus
- 1 eetlepel slagroom of zure room, of genoeg om alles bij elkaar te houden
- 8 zeer dunne sneetjes stevig witbrood, korstjes afgesneden
- Olijfolie om mee te bestrijken of zachte boter om op brood te smeren

INSTRUCTIES

a) Combineer de kaas in een middelgrote kom met de gerookte ham, mosterd en Worcestershire-saus. Meng goed, meng dan de room erdoor en voeg net genoeg toe om een stevig mengsel te vormen en bij elkaar te houden.
b) Smeer het kaas-en-hammengsel heel dik op 4 stukken brood en bedek met de andere 4. Druk goed op elkaar en snijd sandwiches in 3 vingers elk.
c) Bestrijk de buitenkant van de sandwiches met olijfolie, bruin ze vervolgens op middelhoog vuur in een koekenpan met zware anti-aanbaklaag en druk ze aan met je spatel terwijl ze koken. Als ze aan de eerste kant licht krokant zijn, draai ze dan om en bak de tweede kant bruin.
d) Serveer direct warm.

65. Casse Croûte van Blauwe Kaas en Gruyère

4 PERSONEN

INGREDIËNTEN :
- 1 stokbrood, in de lengte doorgesneden en iets uitgehold
- 2-3 eetlepels zachte boter om op brood te smeren
- 1-2 eetlepels droge witte wijn
- 3-4 teentjes knoflook, gehakt
- 8-10 ons smaakvolle blauwe kaas
- 8-10 ons Gruyère
- Rasp van nootmuskaat

INSTRUCTIES

a) Verwarm de grill voor.
b) Smeer de stokbroodhelften aan de binnenkant licht in met de boter en besprenkel met wat witte wijn en wat knoflook. Laagjes op de kazen, eindigend met een laag Gruyère en eindigend met een rasp van nootmuskaat, de overgebleven knoflook en nog een paar druppels wijn.
c) Rooster de sandwiches tot de kaas smelt en bruist en de randen van het brood krokant en bruin worden.
d) Snijd in stukjes van enkele centimeters lang en serveer meteen.

66. Knapperige Truffled Comté met Zwarte Cantharellen

4 PERSONEN

INGREDIËNTEN :
- 1 ounce verse of ½ ounce gedroogde zwarte cantharellen
- 6 eetlepels ongezouten boter
- ¼ kopje champignon- of groentebouillon
- 2 eetlepels zwarte truffelolie, of naar smaak

Boterhammen
- 1 stokbrood, dun gesneden op een lichte diagonaal
- 8 ons Comté-kaas, ongeveer $1/8$ -inch dik gesneden en gesneden om in de kleine plakjes stokbrood te passen
- 1-2 eetlepels extra vergine olijfolie om brood mee te bestrijken
- 1-2 teentjes knoflook, fijngehakt
- 1-2 eetlepels gehakte verse bieslook of platte peterselie

INSTRUCTIES

a) Om de gesauteerde cantharellen te maken: Als u verse champignons gebruikt, was en droog ze dan en hak ze fijn. Als u gedroogde champignons gebruikt, giet dan de champignonbouillon, verwarmd tot net kokend, over de champignons om opnieuw te hydrateren. Laat afgedekt ongeveer 30 minuten zitten of tot het zacht en buigzaam is. Haal uit de vloeistof en knijp droog, bewaar de vloeistof voor het koken hieronder. Hak de gerehydrateerde champignons fijn en ga verder zoals bij vers.

b) Verhit de boter op middelhoog vuur in een koekenpan met zware anti-aanbaklaag; als ze gesmolten en nootachtig bruin zijn, voeg je de champignons toe en laat ze even sudderen in de hete boter. Giet de bouillon erbij en kook op middelhoog vuur tot de vloeistof bijna volledig is verdampt, 5 tot 7 minuten. Haal van het vuur en schep in een kom. Laat een paar minuten afkoelen, voeg dan de truffelolie toe, roer goed en meng krachtig.

c) Leg de sneetjes stokbrood neer; besmeer de helft met het truffelpaddenstoelenmengsel, beleg met plakjes kaas en als laatste de overige stukjes stokbrood. Goed aandrukken; de sandwiches, die klein zijn met een relatief droge vulling, hebben de neiging uit elkaar te vallen. Zodra de sandwiches echter bruin worden, smelt de kaas en houdt ze bij elkaar.

d) Bestrijk de buitenkant van elk broodje lichtjes met de olijfolie. Verhit een zware koekenpan met anti-aanbaklaag op middelhoog vuur en voeg de sandwiches toe, werk indien nodig in batches. Bedek met een <u>gewicht</u> en zet het vuur laag tot medium of medium-laag. Bak de sandwiches bruin en draai ze een of twee keer tot het brood knapperig en goudbruin is en de kaas is gesmolten. Bestrooi met wat knoflook en bieslook en serveer.

e) Door de knoflook erop te strooien net voordat je hem uit de pan haalt, blijft de scherpe en sterke smaak van de rauwe knoflook behouden, zodat elk broodje smaakt naar een met kaas en truffel gevulde knoflookcrouton. Herhaal dit met de resterende sandwiches en verwijder alle overgebleven knoflook uit de pan zodat deze niet verbrandt bij de volgende ronde van het bruinen van de sandwich.

67. Geitenkaas Toast Met Kruiden

MAAKT 12; VOOR 4 PERSONEN

INGREDIËNTEN :

- 12 dunne sneetjes stokbrood
- Extra vergine olijfolie
- 3-4 ons licht gerijpte geitenkaas
- Ongeveer ¼ theelepel gemalen komijn
- ½ theelepel tijm
- ¼-½ theelepel paprikapoeder
- Ongeveer 1/8 theelepel gemalen koriander
- 2 teentjes knoflook, gehakt
- 1-2 eetlepels gehakte verse koriander

INSTRUCTIES

a) Verwarm de vleeskuikens voor.
b) Bestrijk de sneetjes stokbrood met olijfolie, leg ze in een enkele laag op een bakplaat en rooster ze aan elke kant lichtjes onder de grill.
c) Bestrooi de geroosterde sneetjes stokbrood met de kaas en bestrooi met komijn, tijm, paprika, koriander en gehakte knoflook. Besprenkel met olijfolie en rooster tot de kaas een beetje smelt en op plekken bruin wordt.
d) Bestrooi met de koriander en serveer direct.

68. Roquefortbroodjes en bietenmarmelade

MAAKT 8; VOOR 4 PERSONEN
GEMBERBIETENMARMELADE

INGREDIËNTEN :

- 3 middelgrote rode bieten (16 tot 18 ons totaal), heel en ongeschild
- 1 ui, in vieren, plus ½ ui, gesnipperd
- ½ kopje rode wijn
- Ongeveer ¼ kopje rode wijnazijn
- Ongeveer 2 eetlepels suiker
- 2 eetlepels rozijnen of in blokjes gesneden gedroogde vijgen
- Ongeveer ½ theelepel gehakte gepelde verse gember
- Snufje vijfkruidenpoeder, kruidnagel of piment

Boterhammen

- 16 zeer dun gesneden diagonale stukjes oud stokbrood, of dun gesneden oud ciabatta
- 6 ons Roquefort-kaas
- Ongeveer 1 eetlepel olijfolie voor het bestrijken van brood
- Ongeveer 2 kopjes waterkers

INSTRUCTIES

a) Verwarm de oven voor op 375°F.
b) **Om de bietenmarmelade te maken:** doe de bieten, in vieren gesneden ui en rode wijn in een bakvorm die net groot genoeg is om er in te passen met een paar centimeter ruimte ertussen. Bedek de pan met aluminiumfolie en bak een uur of tot de bieten gaar zijn. Verwijderen, blootleggen en laten afkoelen.
c) ze afgekoeld zijn, haal je de schil van de bieten en snijd ze in stukjes van ¼ tot $1/8$ $_{inch}$. Hak de gekookte ui grof en combineer deze met de in blokjes gesneden geroosterde bieten en het kookvocht uit de pan in een pan samen met de gehakte rauwe ui, azijn, suiker, rozijnen, gember en enkele eetlepels water.
d) Breng aan de kook en kook op middelhoog vuur tot de ui zacht is en het meeste vocht is verdampt. Laat het niet branden. Haal van het vuur en pas de smaak aan met meer suiker en azijn.

Kruid heel subtiel - slechts een snufje - met vijfkruidenpoeder. Opzij zetten. Maakt ongeveer 2 kopjes.

e) **Om de sandwiches te maken:** Leg 8 sneetjes stokbrood neer en besmeer elk dik met Roquefort-kaas. Bedek elk met de resterende sneetjes stokbrood en druk goed aan om vast te houden. Bestrijk elke kant van de kleine sandwiches met een kleine hoeveelheid olijfolie.

f) Verhit een zware koekenpan met anti-aanbaklaag op middelhoog vuur en leg de sandwiches erin. Zet het vuur laag tot medium-laag of medium. Bak de broodjes tot ze knapperig goudbruin zijn aan de eerste kant, druk ze lichtjes aan met de spatel, draai ze om en bak de andere kant lichtbruin.

g) Serveer de krokante warme broodjes op een bord, gegarneerd met een toefje waterkers en een flinke lepel bietenmarmelade.

69. Bocadillo van het eiland Ibiza

4 PERSONEN
TONIJN EN RODE PEPER UITGESPREID

INGREDIËNTEN :
- 6 ons stukjes tonijn met wit vlees, verpakt in olijfolie, uitgelekt
- 1 rode paprika, geroosterd, geschild en in stukjes gesneden (uit een potje is prima)
- ½ ui, fijngehakt
- 4-6 eetlepels mayonaise
- 1 eetlepel extra vierge olijfolie
- 1-2 theelepels paprikapoeder
- Een paar druppels verse citroen
- sap
- Zout
- Zwarte peper

Boterhammen
- 8 sneetjes zongedroogd tomatenbrood
- 8 ons oude Goudse kaas, Jack of witte Cheddar
- Olijfolie voor het bestrijken van brood

INSTRUCTIES

a) Om het tonijnmengsel te maken: Breek de tonijn met een vork in een middelgrote kom en meng met de rode paprika, ui, mayonaise, extra vergine olijfolie, paprika, citroensap, zout en peper. Pas de hoeveelheid mayonaise aan om een mooie dikke consistentie te bereiken.

b) Om de sandwiches te maken: Schik 4 sneetjes brood en beleg elk met een kwart van de kaas. Bedek met het tonijnmengsel en vervolgens met het resterende brood.

c) Bestrijk de buitenkant van de sandwiches lichtjes met de olijfolie. Verhit een zware koekenpan met anti-aanbaklaag op middelhoog vuur en voeg de sandwiches toe.

d) Verzwaar ze met de bodem van een zware braadpan , niet om ze aan te drukken maar om de bovenkant vast te houden en plat te houden terwijl de kaas smelt. Zet het vuur laag tot medium en bak aan de eerste kant tot het brood knapperig en goudbruin is, keer dan om en herhaal.

e) Til de weegschaal af en toe op om de situatie met de kaas te controleren.

f) Als het smelt - en dat kun je zien omdat er een klein beetje uit zal sijpelen - en het brood goudbruin en knapperig is, haal je het uit de pan. Als het brood te donker wordt voordat de kaas smelt, verlaag dan het vuur.

g) Serveer meteen, heet en sissend-knapperig.

70. Club **gegrild** broodje

4 PERSONEN

INGREDIËNTEN :
- 3 eetlepels mayonaise
- 1 eetlepel kappertjes, uitgelekt
- 8 dikke plakken ontbijtspek
- 8 dunne plakjes pain au levain, gesneden uit een half groot brood (ongeveer 25 cm lang, 5 cm breed)
- 8 ons Beaufort, Comté of Emmentaler kaas, in plakjes
- 2 rijpe tomaten, in plakjes
- 2 gepocheerde, geroosterde of gegrilde kippenborsten zonder bot, in plakjes
- Olijfolie voor het bestrijken van brood
- Ongeveer 2 kopjes rucolablaadjes
- Ongeveer 12 blaadjes verse basilicum

INSTRUCTIES

a) Meng in een kleine kom de mayonaise met de kappertjes. Opzij zetten.
b) Bak het spek in een koekenpan met dikke anti-aanbaklaag tot het aan beide kanten krokant en bruin is. Haal uit de pan en laat uitlekken op absorberend keukenpapier.
c) Leg 4 sneetjes brood op een werkvlak en bedek elk met een laag kaas, vervolgens een laag tomaten, spek en tot slot de kip.
d) Smeer de kappertjesmayonaise royaal op de 4 overgebleven sneetjes brood en beleg elk broodje. Druk om stevig te sluiten.
e) Bestrijk de buitenkant lichtjes met olijfolie.
f) Verhit een zware koekenpan met anti-aanbaklaag of paninipers op middelhoog vuur. Voeg de sandwiches toe, werk in twee batches als dat nodig is. Verzwaar de sandwiches licht, zet het vuur laag tot medium en kook tot de onderkant van het brood op plekken bruin is en de kaas enigszins is gesmolten.
g) Draai voorzichtig om en gebruik je handen om de sandwiches op de spatel te stabiliseren als ze uit elkaar dreigen te vallen. Bruin aan de tweede kant, zonder gewicht, maar druk de broodjes een beetje aan om ze te verstevigen en bij elkaar te houden.

h) Haal uit de pan, open de bovenkant van alle 4 de sandwiches en stop er een handvol rucola en een paar basilicumblaadjes in, en sluit ze allemaal.
i) Snijd in tweeën en serveer meteen.

71. Welsh Rarebit met gepocheerd ei

4 PERSONEN

INGREDIËNTEN :
- 4 grote eieren
- Een paar druppels witte wijnazijn
- 4 sneetjes volkoren- of zuurdesembrood, of 2 gehalveerde Engelse muffins
- Ongeveer 2 eetlepels zachte boter
- 12 ons scherpe Cheddar- of Cheshire-kaas, grof versnipperd
- 1-2 groene uien, in dunne plakjes gesneden
- 1-2 theelepels ale of pils (optioneel)
- ½ theelepel volkoren mosterd en/of enkele snufjes droge mosterdpoeder
- Verschillende royale shakes Worcestershire-saus
- Verschillende shakes van cayennepeper

INSTRUCTIES

a) Pocheer de eieren: Breek elk ei en doe het in een kopje of schaaltje. Breng een diepe koekenpan gevuld met water aan de kook; zet het vuur laag en laat het borrelen. Zout het water niet, maar voeg liever een paar scheutjes azijn toe. Laat elk ei in het licht kokende water glijden.

b) Kook de eieren tot het wit stevig is en de dooiers nog vloeibaar, 2 tot 3 minuten. Verwijder met een schuimspaan en plaats op een bord om overtollig water af te tappen.

c) Verwarm de grill voor.

d) Rooster het brood lichtjes onder de grill en beboter het lichtjes.

e) Schik het brood op een bakplaat. Bedek elk stuk met 1 van de gepocheerde eieren.

f) Meng in een middelgrote kom de Cheddar, groene uien, ale, mosterd, Worcestershire-saus en cayennepeper. Schep het kaasmengsel voorzichtig gelijkmatig over de gepocheerde eieren en zorg ervoor dat de dooiers niet breken.

g) Rooster de toast met kaas en ei tot de kaas smelt tot een kleverig sausachtig mengsel en de randen van kaas en toast knapperig en bruin zijn. Serveer meteen.

72. Een hete muffaletta

4 PERSONEN

INGREDIËNTEN :
- 4 zachte Franse broodjes
- Extra vergine olijfolie
- Hier en daar een paar shakes rode wijnazijn
- 4-6 teentjes knoflook, gehakt
- 3-4 theelepels kappertjes, uitgelekt
- 2-3 flinke snufjes gedroogde oregano, verkruimeld
- ½ kopje gehakte of in blokjes gesneden geroosterde rode paprika
- 4 milde ingemaakte paprika's, zoals Grieks of Italiaans, in plakjes
- ½ rode of andere milde ui, heel dun gesneden
- ½ kopje met pimiento gevulde groene olijven, in plakjes
- 1 grote tomaat, in dunne plakjes
- 4 ons gedroogde salami, in dunne plakjes gesneden
- 4 ons ham, gerookte kalkoen
- 8 ons dun gesneden provolonekaas

INSTRUCTIES

a) Open de broodjes en trek er een beetje van hun donzige binnenkant uit. Besprenkel elke snijkant met olijfolie en azijn, daarna met de knoflook, kappertjes en oregano. Leg aan 1 kant van elk broodje de rode paprika, ingelegde paprika's, ui, olijven, tomaat, salami, ham en tot slot de kaas. Sluit stevig en druk goed samen om te helpen verzegelen.

b) Verhit een zware koekenpan met anti-aanbaklaag op middelhoog vuur en bestrijk de buitenkant van elke rol lichtjes met olijfolie. Leg de sandwiches in de pan en verzwaar ze , of plaats ze in een paninipers.

c) Bak tot ze aan één kant goudbruin zijn, draai ze om en bak de andere kant bruin. Sandwiches zijn klaar als ze knapperig goudbruin zijn en de kaas een beetje heeft gesijpeld en hier en daar knapperig is. Snijd in tweeën en eet meteen.

73. Cubaans broodje

4 PERSONEN

INGREDIËNTEN :

Mojo-saus
- 2 eetlepels extra vierge olijfolie
- 8 teentjes knoflook, dun gesneden
- 1 kopje vers sinaasappelsap en/of grapefruitsap
- ½ kopje vers limoensap en/of citroensap
- ½ theelepel gemalen komijn Zout
- Zwarte peper

Boterhammen
- 1 zacht stokbrood of 4 zachte lange stokbroodjes, gespleten
- Zachte boter of olijfolie om brood mee te bestrijken
- 6 ons dun gesneden gekookte of honinggeroosterde ham
- 1 gekookte kipfilet, ongeveer 6 ons, in dunne plakjes gesneden
- 8 ons smaakvolle kaas zoals Gouda, manchego of Edammer, in plakjes
- 1 dille, koosjere dille of zoete augurk, dun gesneden
- Ongeveer 4 blaadjes boter of Boston Bibb-sla
- 2-3 middelgrote, rijpe tomaten, in plakjes

INSTRUCTIES

a) Om de Mojo-saus te maken: Verhit de olijfolie en knoflook zachtjes in een kleine, zware koekenpan tot de knoflook licht goudbruin maar niet bruin is, ongeveer 30 seconden. Voeg de citroensap, komijn, zout en peper naar smaak toe en haal van het vuur. Laat afkoelen, proef en breng op smaak. In de koelkast tot 3 dagen houdbaar. Maakt 1 ½ kopje.

b) Verwarm de grill voor.

c) Om de sandwiches te maken: Trek een beetje van de donzige binnenkant van elk broodje. Gooi het uitgetrokken brood weg of bewaar het voor een ander gebruik. Bestrijk beide kanten van de broodjes met een kleine hoeveelheid zachte boter of olijfolie. Rooster aan elke kant lichtjes onder de grill en haal dan van het vuur.

d) Sprenkel een beetje van de mojo-saus op de snijkanten van het brood en bedek met de ham, kip, kaas en augurk. Sluit goed en druk samen om te helpen sluiten en de buitenkant van de sandwiches lichtjes te bestrijken met olijfolie.

e) Verhit een zware koekenpan met anti-aanbaklaag of panini-pers op middelhoog vuur en bak de sandwiches bruin, <u>verzwaar ze</u>. Je wilt de boterhammen zo plat mogelijk drukken. Kook tot de buitenkant licht krokant is en de kaas begint te smelten. Plet de sandwiches met de spatel als je ze omdraait om ze ook plat te drukken.

f) Als de sandwiches knapperig en bruin zijn, haal ze dan uit de pan. Maak open, voeg de sla en tomaat toe en serveer direct, met extra mojo ernaast.

74. Parijse gegrilde kaas

VOOR 4 PERSONEN

INGREDIËNTEN :

- 8 sneetjes stevig, smaakvol wit- of stokbrood van goede kwaliteit
- 4 dunne plakjes gekookte of gebakken ham of kalkoenham
- 2 eetlepels ongezouten zachte boter
- 4 ons Gruyère-achtige kaas

INSTRUCTIES

a) Verwarm de grill voor.

b) Schik 4 sneetjes brood op een bakplaat, bedek met de ham en de resterende sneetjes brood om sandwiches te maken. Beboter elk broodje aan de buitenkant, plaats het dan onder de grill tot het licht goudbruin is, keer het en bruin aan de andere kant.

c) Strooi kaas over de bovenkant van de ene kant van de sandwiches en leg ze even terug in de grill of tot de kaas smelt en hier en daar een beetje bubbelt. Eet meteen met groene salade ernaast.

75. Bocadillo van het eiland Ibiza

VOOR 4 PERSONEN
INGREDIËNTEN :
- 4 grote zachte platachtige Franse of Italiaanse broodjes
- 6-8 teentjes knoflook, gehalveerd
- 4-6 eetlepels extra vierge olijfolie
- 1 eetlepel tomatenpuree
- 2-3 grote rijpe tomaten, in dunne plakjes gesneden
- Royaal bestrooien met gedroogde oregano
- 8 dunne plakjes Spaanse jamon of soortgelijke ham zoals prosciutto
- Ongeveer 10 ons milde en smeltende, maar smaakvolle kaas, zoals manchego, Idiazábal, Mahon, of een Californische kaas zoals Ig Vella's semi secco of Jack
- Gemengde mediterrane olijven

INSTRUCTIES
a) Verwarm de grill voor.
b) Snijd de broodjes open en rooster ze lichtjes aan elke kant onder de grill.
c) Wrijf de knoflook op de snijkant van elk stuk brood.
d) Besprenkel het met knoflook ingewreven brood met de olijfolie en bestrijk de buitenkant met wat meer olie. Smeer lichtjes in met de tomatenpuree, leg vervolgens de gesneden tomaten en hun sappen op de broodjes, druk de tomatenpuree en tomaten erdoor zodat de sappen in het brood worden opgenomen.
e) Bestrooi met verkruimelde oregano en bedek met de ham en kaas. Sluiten en goed aandrukken, daarna licht insmeren met olijfolie.
f) Verhit een zware koekenpan met anti-aanbaklaag of paninipers op middelhoog vuur en voeg dan de sandwiches toe. Als u een pan gebruikt, verzwaar de sandwiches dan .
g) Zet het vuur laag tot middelhoog en kook tot de buitenkant licht krokant is en de kaas begint te smelten. Draai om en bruin aan de tweede kant.
h) Snijd doormidden en serveer onmiddellijk, met een handvol gemengde olijven ernaast.

76. Tomaat en Mahon-kaas op Olijfbrood

MAAKT 4

INGREDIËNTEN :

- 10-12 verse, kleine salieblaadjes
- 3 eetlepels ongezouten boter
- 1 eetlepel extra vierge olijfolie
- 8 sneetjes boerenbrood
- 4 ons prosciutto, dun gesneden
- 10-12 ounce bergkaas met een volle smaak, zoals fontina, oude Beaufort of Emmentaler
- 2 teentjes knoflook, gehakt

INSTRUCTIES

a) Roer in een koekenpan met zware anti-aanbaklaag de salieblaadjes, boter en olijfolie op middelhoog vuur tot de boter smelt en schuimt.

b) Leg ondertussen 4 sneetjes brood neer, beleg met de prosciutto, dan de fontina en een snufje knoflook. Leg het resterende brood erop en druk stevig aan.

c) Leg de sandwiches voorzichtig in het hete saliebotermengsel; het kan nodig zijn om ze in verschillende batches te doen of 2 pannen te gebruiken. Gewicht met een zware koekenpan erop om de broodjes naar beneden te drukken. Kook tot de buitenkant licht krokant is en de kaas begint te smelten. Draai om en bruin aan de tweede kant.

d) Serveer sandwiches warm en knapperig, in diagonale helften gesneden. Gooi de salieblaadjes weg of knabbel ze knapperig en bruin op.

77. Broodje Emmentaler en Peren

VOOR 4 PERSONEN
INGREDIËNTEN :
- 8 dunne plakjes pain au levain, zuurdesem of zure roggebrood
- 4 ons Emmentaler kaas, dun gesneden
- 1 rijpe maar stevige peer, ongeschild en zeer dun gesneden
- 4 ons Appenzell-kaas, dun gesneden
- Enkele snufjes komijnzaad Zachte boter of olijfolie om brood mee te bestrijken

INSTRUCTIES

a) Schik 4 sneetjes brood op een werkvlak, bedek met een laagje Emmentaler kaas, dan de peer, dan wat Appenzeller kaas en bestrooi met komijnzaad. Beleg elke sandwich met een tweede sneetje brood en druk stevig aan om te sluiten.

b) Smeer de buitenkant van elk broodje licht in met boter. Verhit een zware anti-aanbak koekenpan of sandwichpers op middelhoog vuur. Leg een gewicht op de sandwiches . Bruin, een of twee keer draaien, tot het brood knapperig en goudbruin is en de kaas is gesmolten.

c) Serveer meteen.

78. Gegrilde Pompernikkel en Gouda

VOOR 4 PERSONEN
INGREDIËNTEN :
Peterselie-dragon mosterd
- 3 eetlepels volkoren mosterd
- 3 eetlepels milde Dijon-mosterd
- 2 eetlepels gehakte verse bladpeterselie
- 1 eetlepel gehakte verse dragon
- 1 klein teentje knoflook, fijngehakt
- Een paar druppels rode of witte wijnazijn, naar smaak

Boterhammen
- 8 sneetjes zacht donker roggebrood
- 8 ons oude Gouda, manchego of soortgelijke nootachtige oude kaas
- Zachte boter of olijfolie om brood mee te bestrijken

INSTRUCTIES

a) Om de peterselie-dragonmosterd te maken: Combineer de volkoren en Dijon-mosterd in een kleine kom en roer de peterselie, dragon en knoflook erdoor. Voeg naar smaak een paar druppels azijn toe en zet apart. Maakt ongeveer 1/3 kop.

b) Om de sandwiches te maken: Schik 4 sneetjes brood op een werkvlak. Voeg een laag kaas toe en bedek met het tweede stuk brood. Druk samen en bestrijk of bestrijk de buitenkant lichtjes met de boter.

c) Verhit een zware koekenpan met anti-aanbaklaag of paninipers op middelhoog vuur en voeg de sandwiches toe. Gewicht met een tweede koekenpan en zet het vuur laag tot middelhoog. Bak tot de eerste kant krokant en goudbruin is, draai en bak dan de tweede kant tot de kaas gesmolten is.

d) Serveer onmiddellijk, met de Peterselie-Tarragon Mosterd ernaast, om naar wens op te deppen.

79. Gerookte Kalkoen, Taleggio en Gorgonzola

VOOR 4 PERSONEN

INGREDIËNTEN :
- 1 zacht, plat, luchtig Italiaans brood, zoals ciabatta, of 4 zachte Italiaanse/Franse broodjes; als er halfbakken beschikbaar zijn, kies deze dan
- 6 ons Gorgonzola-kaas, dun gesneden of grof verkruimeld
- 8 ons gerookte kalkoen, dun gesneden
- 1 middelgrote of 2 kleine knapperige maar smaakvolle appels, zonder klokhuis, ongeschild en zeer dun gesneden
- 6 ons Taleggio, Teleme, Jack of een tomme de montagne-kaas, in 4 plakjes gesneden .)
- Olijfolie voor het bestrijken van brood

INSTRUCTIES

a) Snijd het brood in 4 gelijke stukken. Snijd elk stuk brood horizontaal door, laat indien mogelijk 1 kant aangesloten.

b) Maak de 4 sneetjes brood open. Leg op 1 kant de Gorgonzola, gerookte kalkoen en in plakjes gesneden appel in gelijke hoeveelheden. Bedek met de Taleggio en vouw de broodjes stevig dicht, stevig aandrukkend om te sluiten.

c) Bestrijk de sandwiches, boven- en onderkant, met olijfolie en verwarm vervolgens een zware koekenpan met anti-aanbaklaag op middelhoog vuur. Leg de tosti's in de hete pan en zet het vuur meteen heel laag. Gewicht erop , of gebruik een tosti-pers of panini-pers.

d) Bak tot ze goudbruin en geroosterd zijn, draai ze dan om en bak de andere kanten lichtbruin. Controleer af en toe of het brood niet aanbrandt.

e) Serveer zodra beide kanten krokant zijn en de kaas gesmolten is.

80. Gesmolten Jarlsberg op Zuurdesem

VOOR 4 PERSONEN

INGREDIËNTEN :

- 8 middeldikke sneetjes zuurdesembrood
- 8 ons Jarlsberg of een milde smeltkaas zoals Jack
- 2 geroosterde rode paprika's, in plakjes, of 3 tot 4 eetlepels gehakte geroosterde rode paprika's
- 2 teentjes knoflook, dun gesneden
- 2 theelepels gehakte verse rozemarijnblaadjes, of naar smaak
- Olijfolie voor het bestrijken van brood

INSTRUCTIES

a) Schik 4 sneetjes brood op een werkvlak en bestrooi met de kaas, voeg dan de rode pepers, knoflook en rozemarijn toe. Beleg met de overige sneetjes brood en druk zachtjes op elkaar. Bestrijk de buitenkant van elk broodje lichtjes met de olie.

b) Verhit een zware koekenpan met anti-aanbaklaag of een sandwichpers op middelhoog vuur en voeg de sandwiches toe, indien nodig in verschillende batches. Zet het vuur laag tot medium-laag en laat de sandwiches langzaam bruin worden (druk met de spatel om ze knapperig te maken), tot ze licht knapperig zijn aan de buitenkant en de kaas begint te smelten. Draai om en herhaal aan de tweede kant.

c) Serveer elke sandwich in tweeën of vieren gesneden.

81. Torta van Kip, Queso Fresco en Gouda

VOOR 4 PERSONEN

INGREDIËNTEN :

- 2 worstjes salie/kruiden (ongeveer 14 ons), ofwel varkensvlees, kalkoen of vegetarisch
- 6 ons geraspte Jack of middelgrote Asiago-kaas
- 1-2 eetlepels (ongeveer 2 ons) vers geraspte oude kaas zoals Parmezaanse kaas, Locelli Romano of droge Jack
- 2 groene uien, in dunne plakjes gesneden
- 2-3 theelepels zure room Snufje komijnzaad Snufje kurkuma Snufje bruine mosterd
- Snufje cayennepeper of een paar druppels hete pepersaus
- 8 dunne plakjes volkorenbrood (zoals tarwebes, zonnebloempitten of gekiemde tarwe).
- 2-3 eetlepels extra vierge olijfolie
- 3 teentjes knoflook, dun gesneden
- 1-2 gekonfijte citroenen in Marokkaanse stijl, goed afgespoeld en in reepjes gesneden of gehakt
- 1-2 theelepels fijngehakte verse bladpeterselie

INSTRUCTIES

a) Snijd de worstjes in grove blokjes en bak ze snel op middelhoog vuur in een kleine koekenpan met anti-aanbaklaag. Haal uit de pan, leg op keukenpapier en laat afkoelen. Laat de pan op het fornuis staan en zet het vuur uit.

b) Meng in een middelgrote kom de 2 kazen met de groene uien, zure room, komijnzaad, kurkuma, mosterd en cayennepeper. Als de worst is afgekoeld, meng je deze door de kaas.

c) Beleg 4 sneetjes brood met het kaas- en worstmengsel en bedek met een tweede stuk brood. Dep goed en druk licht maar stevig aan zodat de sandwich bij elkaar blijft.

d) Verhit de pan op middelhoog vuur en voeg ongeveer de helft van de olijfolie en knoflook toe, druk de knoflook aan de kant en voeg 1 of 2 boterhammen toe, hoeveel er ook in de pan passen. Bak tot ze aan één kant licht krokant zijn en de kaas begint te smelten.

e) Keer om en bak de tweede kant goudbruin. Leg op een bord en herhaal met de andere sandwiches, knoflook en olie. Je kunt de lichtbruine knoflook weggooien of eraan knabbelen; wat je ook doet, haal het uit de pan voordat het zwart wordt, omdat het een bittere smaak aan de olie zal geven als het verbrandt.

f) Serveer de sandwiches direct, gloeiend heet, in driehoekjes gesneden en bestrooid met de gekonfijte citroen en gehakte peterselie.

82. Panini van Aubergine Parmigiana

VOOR 4 PERSONEN
INGREDIËNTEN :
- ¼ kopje extra vergine olijfolie, of zoals gewenst, verdeeld
- 1 middelgrote aubergine, in plakjes van ½ tot ¾ inch dik
- Zout
- 4 grote zachte broodjes, zuurdesem of zoet
- 3 teentjes knoflook, gehakt
- 8 grote verse basilicumblaadjes
- Ongeveer ½ kopje ricotta kaas
- 3 eetlepels vers geraspte Parmezaanse kaas, pecorino of Locelli Romano-kaas
- 6-8 ons verse mozzarellakaas
- 4 rijpe sappige tomaten, in dunne plakjes gesneden (inclusief hun sappen)

INSTRUCTIES

a) Schik de plakken aubergine op een snijplank en bestrooi rijkelijk met zout. Laat ongeveer 20 minuten zitten of totdat er vochtdruppels op het oppervlak van de aubergine verschijnen. Spoel het goed af en dep de aubergine droog.

b) Verhit 1 eetlepel olie in een koekenpan met zware anti-aanbaklaag op middelhoog vuur. Voeg zoveel van de aubergine toe dat in een enkele laag past en elkaar niet verdringen. Bak de plakjes aubergine bruin en beweeg ze heen en weer zodat ze bruin en gaar worden maar niet verbranden.

c) Keer om en bak aan de tweede kant tot ook die kant lichtbruin is en de aubergine zacht is als je er met een vork in prikt. Als de aubergine gaar is, leg hem dan op een bord of pan en blijf aubergine toevoegen tot ze allemaal gaar zijn. Zet een paar minuten opzij.

d) Open de broodjes en trek een beetje van de donzige binnenkant naar buiten, en besprenkel dan elke gesneden kant met gehakte knoflook. Leg aan 1 kant van elk broodje een plakje of 2 aubergines, bedek met een blaadje of 2 basilicum, wat ricotta, een snufje Parmezaanse kaas en een laag mozzarella. Werk af met gesneden tomaten; close-up en druk zachtjes om samen te verzegelen.

e) Verhit dezelfde koekenpan op middelhoog vuur of gebruik een paninipers en bestrijk de sandwiches lichtjes met een beetje olijfolie aan de buitenkant. Bak of gril de sandwiches terwijl u ze aandrukt terwijl ze bruin en krokant worden.

f) Als de eerste kant bruin is, draai je om en bak je de tweede kant totdat de kaas gesmolten is. Serveer meteen.

83. Gegrilde Aubergine en Chaumes

4 PERSONEN

INGREDIËNTEN :

RODE CHILI AIOLI

- 2-3 teentjes knoflook, fijngehakt
- 4-6 eetlepels mayonaise Sap van ½ citroen of limoen (ongeveer 1 eetlepel of naar smaak)
- 2-3 theelepels chilipoeder 1 theelepel paprikapoeder
- ½ theelepel gemalen komijn Grote snuf gedroogde oreganoblaadjes, geplet
- 2 eetlepels extra vierge olijfolie
- Verschillende shakes rokerige chilisaus zoals Chipotle Tabasco of Buffalo
- 2 eetlepels grof gesneden verse koriander
- 1 aubergine, kruislings in plakjes van ¼ tot ½ inch dik gesneden Olijfolie
- 4 zachte wit- of zuurdesembroodjes, of 8 sneetjes landelijk wit- of zuurdesembrood
- ¾ kopje gemarineerde geroosterde rode en/of gele paprika's
- Ongeveer 12 ons halfzachte maar smaakvolle kaas

INSTRUCTIES

a) Om de Red Chili Aioli te maken: combineer de knoflook in een kleine kom met de mayonaise, citroensap, chilipoeder, paprika, komijn en oregano; roer goed om te combineren. Klop met je lepel of een garde de olijfolie erdoor, voeg de olie een paar theelepels tegelijk toe en klop het tot het in het mengsel is opgenomen voordat je de rest toevoegt.

b) Schud, als het glad is, de gerookte chilisaus naar smaak erdoor en roer ten slotte de koriander erdoor. Dek af en laat afkoelen tot gebruik. Maakt ongeveer $1/3$ kop.

c) Om de aubergine te bereiden, bestrijkt u de plakjes aubergine lichtjes met olijfolie en verwarmt u een zware koekenpan met anti-aanbaklaag op middelhoog vuur. Bak de plakjes aubergine aan elke kant bruin tot ze lichtbruin en zacht zijn als je er met een vork in prikt. Opzij zetten.

d) Om de sandwiches te maken: Leg de open zachte broodjes neer en verdeel de rode chili aioli royaal over de binnenkant. Leg plakjes aubergine op één kant van de broodjes, dan de paprika's en dan een laag kaas . Sluit af en druk goed aan. Bestrijk de buitenkant van elk broodje lichtjes met olijfolie.
e) Verhit de koekenpan opnieuw op middelhoog vuur, voeg dan de sandwiches toe en zet het vuur laag tot middelhoog. Verzwaar de sandwiches en bak ze een paar minuten. Als het onderste brood goudbruin en lichtbruin is op sommige plaatsen, draai je het om en bak je de andere kant, met hetzelfde gewicht.
f) **5** Als ook die kant goudbruin en krokant is, moet de kaas gesmolten en kleverig zijn; het kan een beetje uitlekken en krokant worden. (Gooi deze heerlijke knapperige stukjes niet weg, leg ze gewoon op elk bord samen met de sandwich.)
g) Verwijder de sandwiches op borden; in tweeën snijden en serveren.
h) Rokerige Bacon en Cheddar met Chipotle Relish
i) Rokerige chipotlesaus, een vleugje pittige mosterd, vlezig rokerig spek en sterk scherpe Cheddar - er is niets subtiels aan deze sandwich met een grote smaak. Probeer de chipotle-saus ook eens op een hamburger! Een glas cerveza met een partje limoen ernaast benadert de perfectie.

84. Champignons en gesmolten kaas op Pain au Levain

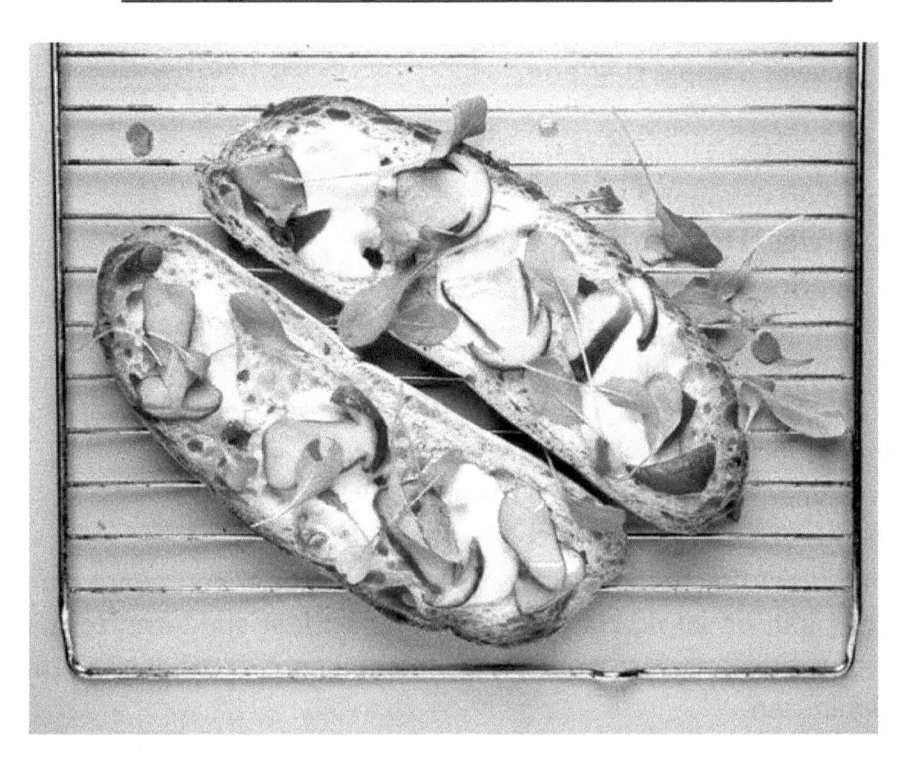

VOOR 4 PERSONEN
INGREDIËNTEN :
- 1-1½ ounce droge eekhoorntjesbrood of cèpes,
- Ongeveer ½ kopje slagroom
- Zout
- Een paar korreltjes cayennepeper
- Een paar druppels vers citroensap
- ½ theelepel maïzena, gemengd met 1 theelepel water
- 8 sneetjes pain au levain of ander stokbrood
- Ongeveer 1 eetlepel zachte boter om op brood te smeren
- 2 teentjes knoflook, fijngehakt
- 8-10 ons gesneden pecorino, fontina of Mezzo Secco-kaas
- 4 eetlepels vers geraspte Parmezaanse kaas
- Ongeveer ¼ kopje fijngehakte verse bieslook

INSTRUCTIES

a) Combineer de champignons en 2 kopjes water in een zware pan. Breng aan de kook, zet het vuur lager en laat sudderen tot de vloeistof bijna is verdampt en de champignons zacht zijn, 10 tot 15 minuten.

b) Roer de room erdoor en zet het vuur een paar minuten terug, breng op smaak met zout, een paar korreltjes cayennepeper en een paar druppels citroensap.

c) Roer het maizenamengsel erdoor en verwarm op middelhoog vuur tot het dikker wordt. Het moet dikker worden zodra de randen beginnen te borrelen. Omdat room in dikte kan variëren, is er geen manier om precies te weten hoeveel maizena je nodig hebt.

d) Zodra het dik genoeg is, laat u het mengsel op kamertemperatuur komen om af te koelen. Het wordt nog dikker naarmate het afkoelt. U wilt een dikke smeerbare consistentie.

e) Leg al het brood neer en bestrijk 1 kant van elk sneetje heel licht met de boter. Draai ze allemaal om en strooi de knoflook over 4 ervan. Werk af met de plakjes pecorino, enkele stukjes champignons uit de saus en wat Parmezaanse kaas.

f) Smeer op de andere 4 sneetjes brood (niet-beboterde kant) de champignonsaus dik. Vouw de boterhammen goed dicht. De beboterde kanten komen aan de buitenkant.
g) Verhit een zware koekenpan met anti-aanbaklaag op middelhoog vuur. Voeg de sandwiches toe, 1 of 2 per keer, afhankelijk van de grootte van de pan, en verzwaar ze met een zware koekenpan .
h) Bak tot het brood goudbruin is en hier en daar lichtbruin, heerlijk krokant en de kaas begint te sijpelen. Draai om en herhaal tot de tweede kant net zo goudbruin en krokant is als de eerste, voeg de gehakte knoflook toe aan de pan voor de laatste minuut of zo van het koken. De kaas zou nu vloeibaar moeten zijn, met een paar stukjes die eruit druipen en licht krokant aan de rand van de korst.
i) Op een bord leggen, in tweeën of vieren snijden en het bord bestrooien met bieslook. Eet meteen. Niets is zo doorweekt als een koude tosti.

85. Siciliaanse Sizzled Kaas Met Kappertjes En Artisjokken

VOOR 4 PERSONEN

INGREDIËNTEN :
- 4-6 gemarineerde artisjokharten, in plakjes
- 4 dikke sneden boerenbrood, zoet of zuurdesem
- 12 ons provolone, mozzarella, manouri of andere milde en smeltbare kaas, versnipperd
- 2 eetlepels extra vierge olijfolie
- 4 teentjes knoflook, heel dun gesneden of gehakt
- Ongeveer 2 eetlepels rode wijnazijn
- 1 eetlepel kappertjes in pekel, uitgelekt
- 1 theelepel verkruimelde gedroogde oregano
- Verschillende malingen zwarte peper
- 1-2 theelepels gehakte verse bladpeterselie

INSTRUCTIES
a) Verwarm de grill voor.
b) Schik de artisjokken op het brood, leg ze op een bakplaat en bestrooi ze met de kaas.
c) Verhit de olijfolie in een koekenpan met zware anti-aanbaklaag op middelhoog vuur, voeg dan de knoflook toe en bak lichtbruin. Voeg de rode wijnazijn, kappertjes, oregano en zwarte peper toe en kook een minuut of twee, of tot de vloeistof is teruggebracht tot ongeveer 2 theelepels. Roer de peterselie erdoor. Lepel over het met kaas belegde brood.
d) Rooster tot de kaas smelt, bubbelt en op plekken goudbruin wordt. Eet meteen.

86. Scaloppine en Pesto

4 PERSONEN

INGREDIËNTEN :

- Twee 4- tot 5-ounce kippenborsten zonder vel of schnitzels van varkensvlees, kalkoen of kalfsvlees
- Zout
- Zwarte peper
- 2 eetlepels extra vierge olijfolie, verdeeld
- 3 teentjes knoflook, gehakt, verdeeld
- 2 courgettes, zeer dun gesneden en drooggedept
- 2 eetlepels basilicumpesto, of naar smaak
- 2 eetlepels geraspte Parmezaanse kaas, grana of localelli Romano-kaas
- 4 zachte zuurdesembroodjes, of vier stukjes focaccia van 15 cm, gehalveerd
- 8-10 ons mozzarella, binnenlandse of Deense fontina, of boerenkaas, in plakjes

INSTRUCTIES

a) Klop het vlees met een vleeshamer; als het dik is, snijd de kip dan in zeer dunne stukjes. Bestrooi met zout en peper.

b) Verhit een zware koekenpan met anti-aanbaklaag op middelhoog vuur, voeg dan 1 eetlepel olie, het vlees en tot slot ongeveer de helft van de knoflook toe. Bak het vlees snel aan de ene kant bruin, daarna aan de andere kant, haal het dan uit de pan en giet eventuele stukjes sap en knoflook over het vlees.

c) Zet de pan terug op middelhoog vuur en voeg nog een theelepel olie toe. Bak de courgette totdat deze net gaar is. Doe in een kom; breng op smaak met zout en peper. Roer als het afgekoeld is de rest van de knoflook, de pesto en de Parmezaanse kaas erdoor. Laat het mengsel afkoelen in een kom; spoel en droog de pan.

d) Trek met je vingers een klein beetje van de donzige binnenkant van elke rol om plaats te maken voor de vulling. Verhit de pan opnieuw op middelhoog vuur en rooster de snijkanten van elk broodje lichtjes. Je zult ze een beetje moeten indrukken; ze kunnen een beetje scheuren, maar dat is oké. Ze gaan weer samen als ze bruin zijn en geperst met hun vulling op hun plaats.

e) Doe in de helft van elk broodje enkele eetlepels van het courgette -pestomengsel en bedek met een laag vlees en de mozzarella. Sluit en druk stevig tegen elkaar om goed af te sluiten.

f) Borstel de resterende olie aan de buitenkant van de sandwiches. Verhit de pan opnieuw op middelhoog vuur. We maken sandwiches om ze aan te drukken en bij elkaar te houden. Zet het vuur laag tot medium-laag en kook tot de eerste kant knapperig en goudbruin is en de kaas begint te smelten. Draai om en herhaal.

g) Serveer als de broodjes krokant goudbruin zijn en de kaas verleidelijk aan het smelten is.

87. **Mozzarella,** Basilicum Piadine

4 PERSONEN
INGREDIËNTEN :
- 4 piadine of middelgrote (12-inch) bloemtortilla's
- 3-4 eetlepels tomatenpuree
- 1 grote rijpe tomaat, in dunne plakjes
- 1-2 teentjes knoflook, gehakt
- 4-6 ons verse mozzarellakaas, in plakjes
- Ongeveer 12 blaadjes Thaise of Vietnamese basilicum (of gewone basilicum)
- Ongeveer 3 ons Gorgonzola-kaas, in plakjes of verkruimeld
- 2-3 eetlepels vers geraspte Parmezaanse kaas of andere raspkaas zoals Asiago of grana
- Extra vierge olijfolie om te besprenkelen

INSTRUCTIES
a) Verwarm de grill voor.
b) Leg de piadine op 1 of 2 bakplaten en besmeer ze met een beetje tomatenpuree, bedek ze met een kleine hoeveelheid tomaat en bestrooi ze met de knoflook. Bestrooi met de mozzarella, basilicum en gorgonzola, bestrooi met de Parmezaanse kaas en besprenkel met olijfolie.
c) Rooster, werk indien nodig in porties, tot de kaas smelt en de sandwiches gloeiend heet zijn. Serveer meteen.

88. Quesadilla's op pompoentortilla's

4 PERSONEN
INGREDIËNTEN :
- 2 grote zachtgroene chilipepers zoals Anaheim of poblano, of 2 groene paprika's
- 1 ui, gesnipperd
- 2 teentjes knoflook, gehakt
- 1 eetlepel extra vierge olijfolie
- 1 pond mager rundergehakt
- 1/8 -¼ theelepel gemalen kaneel, of naar smaak
- ¼ theelepel gemalen komijn Snufje gemalen kruidnagel of piment
- 1/3 kopje droge sherry of droge rode wijn
- ¼ kopje rozijnen
- 2 eetlepels tomatenpuree
- 2 eetlepels suiker
- Een paar shakes rode wijn of sherryazijn
- Zout
- Zwarte peper
- Een paar shakes cayennepeper, of Tabasco als je paprika's gebruikt in plaats van chilipepers
- ¼ kopje grof gehakte amandelen
- 2-3 eetlepels grof gesneden verse koriander, plus extra voor garnering
- 8 pompoentortilla's
- 6-8 ons milde kaas zoals Jack, manchego of Mezzo Secco
- Olijfolie voor het bestrijken van tortilla's
- Ongeveer 2 eetlepels zure room voor garnering

INSTRUCTIES
a) Rooster de chilipepers of paprika's boven een open vuur tot ze overal licht en gelijkmatig zijn verkoold. Doe in een plastic zak of kom en dek af. Zet minstens 30 minuten opzij, omdat de stoom helpt de schil van het vlees te scheiden.

b) Bereid de picadillo voor: Fruit de ui en knoflook in de olijfolie op middelhoog vuur tot ze zacht zijn, voeg dan het vlees toe en kook samen, roer en verdeel het vlees terwijl je kookt. Als het vlees op plekken bruin is, bestrooi met de kaneel, komijn en kruidnagel en blijf koken en roeren.

c) Voeg de sherry, rozijnen, tomatenpuree, suiker en azijn toe. Kook ongeveer 15 minuten samen, af en toe roerend; als het droog lijkt, voeg dan een beetje water of meer sherry toe. Breng op smaak met zout, peper en cayennepeper en pas de suiker en azijn naar smaak aan. Voeg de amandelen en koriander toe en zet opzij.

d) Verwijder de schil, stelen en zaden van de paprika's en snijd de paprika's in reepjes.

e) Leg 4 van de tortilla's neer en besmeer ze met de picadillo. Voeg de geroosterde paprikareepjes toe, vervolgens een laag kaas en bedek elk met een tweede tortilla. Druk stevig naar beneden om ze bij elkaar te houden.

f) Verhit een zware koekenpan met anti-aanbaklaag op middelhoog vuur. Bestrijk de buitenkant van de quesadilla's lichtjes met olijfolie en doe ze in porties in de pan.

g) Zet het vuur laag tot medium-laag, bruin aan één kant en draai ze indien nodig voorzichtig om met behulp van de spatel onder begeleiding van uw hand. Bak aan de tweede kant tot ze goudbruin zijn en de kaas is gesmolten.

h) Serveer onmiddellijk, in punten gesneden, gegarneerd met een klodder zure room en koriander.

89. Gegrilde Schapenkaas Quesadilla's

4 PERSONEN

INGREDIËNTEN :

- 8 grote bloemtortilla's
- 1 eetlepel gehakte verse dragon
- 2 grote rijpe tomaten, in dunne plakjes gesneden
- 8-10 ons licht droge schapenkaas
- Olijfolie, voor het bestrijken van tortilla's

INSTRUCTIES

a) Leg de tortilla's op een werkvlak, bestrooi met de dragon en bedek ze met de tomaten. Bestrooi met de kaas en bedek elk met een tweede tortilla.

b) Bestrijk elke sandwich met olijfolie en verwarm een zware koekenpan met anti-aanbaklaag of een platte grill op middelhoog vuur. Werk 1 voor 1 en kook de quesadilla aan 1 kant; wanneer het lichtjes goudbruin is en de kaas smelt, draai het dan om en bak de tweede kant, druk terwijl het kookt om het plat te maken.

c) Serveer onmiddellijk, snij in partjes.

90. Toast Met Aardbeien En Roomkaas

4 PERSONEN

INGREDIËNTEN :

- 8 middeldikke sneetjes zacht, zoet witbrood, zoals challah of brioche
- 8-12 eetlepels roomkaas (vetarm is prima)
- Ongeveer ½ kopje aardbeienconserven
- 1 kop (ongeveer 10 ons) gesneden aardbeien
- 2 grote eieren, licht losgeklopt
- 1 eigeel
- Ongeveer ½ kopje melk (vetarm is prima)
- Een scheutje vanille-extract
- Suiker
- 2-4 eetlepels ongezouten boter
- ½ theelepel vers citroensap
- ½ kopje zure room
- Enkele takjes verse munt, in dunne plakjes gesneden

INSTRUCTIES

a) Smeer 4 sneetjes brood dik in met de roomkaas, een beetje taps toelopend naar de zijkanten zodat de roomkaas er niet uit sijpelt tijdens het koken, en besmeer dan de andere 4 sneetjes brood met de conserven.
b) Strooi een dunne laag aardbeien over de roomkaas.
c) Beleg elk stuk kaasbeleg met een belegd stuk brood. Druk zachtjes maar stevig om te verzegelen.
d) Meng in een ondiepe kom de eieren, eidooier, melk, vanille-extract en ongeveer 1 eetlepel suiker.
e) Verhit een zware koekenpan met anti-aanbaklaag op middelhoog vuur. Voeg de boter toe. Doop elk broodje één voor één in de kom met de melk en het ei. Even laten intrekken, dan omdraaien en herhalen.
f) Doe de sandwiches in de hete pan met de gesmolten boter en laat ze goudbruin bakken. Keer om en bak de andere kanten lichtbruin.
g) Meng ondertussen de resterende aardbeien met suiker naar smaak en het citroensap.

h) Serveer elk broodje zodra het klaar is, gegarneerd met een lepel of 2 van de aardbeien en een klodder van de zure room.
i) Bestrooi ze ook met wat munt.

91. Broodjes Broodpudding

4 PERSONEN
INGREDIËNTEN :
- ¾ kopje verpakte lichtbruine suiker
- ¼ kopje suiker, verdeeld
- 5-6 kruidnagels
- 1/8 theelepel gemalen kaneel, plus extra om erover te schudden
- 1 grote pittige appel zoals Granny Smith, ongeschild en in dunne plakjes gesneden
- ¼ kopje rozijnen
- ½ theelepel vanille-extract
- 8 dikke (¾- tot 1-inch) sneetjes stokbrood
- 6-8 ons milde smeltbare kaas zoals Jack, of een zeer milde witte Cheddar, in plakjes
- ½ kopje geschaafde geblancheerde amandelen of pijnboompitten
- Ongeveer 3 eetlepels boter
- 1 eetlepel olijfolie

INSTRUCTIES

a) In een steelpan met dikke bodem meng je de bruine suiker met 2 eetlepels suiker, de kruidnagel en de kaneel. Voeg 2 kopjes water toe en roer om goed te mengen.

b) Plaats op een middelhoog vuur en breng aan de kook, zet het vuur dan laag tot middelhoog, totdat de vloeistof een licht borrelende suddering vormt. Kook gedurende 15 minuten, of tot het een siroop vormt. Voeg de appelschijfjes en rozijnen toe en kook nog 5 minuten. Haal van het vuur en voeg de vanille toe.

c) Leg de sneetjes brood op een werkvlak. Lepel hete siroop over elk stuk brood, meerdere eetlepels per stuk. Draai elk stuk voorzichtig om en lepel hete siroop over de andere kanten. Laat ongeveer 30 minuten intrekken.

d) Lepel nog wat siroop op het brood, wederom ongeveer een eetlepel per sneetje brood. Het brood wordt vrij zacht en dreigt uit elkaar te vallen als het de zoete siroop absorbeert, dus wees voorzichtig bij het hanteren ervan. Laat nog ongeveer 15 minuten staan.

e) Leg een plak kaas op 4 sneetjes geweekt brood. Bedek elk met ongeveer ¼ van de appels, rozijnen en een snufje amandelen (bewaar wat voor het einde). Beleg met de overige sneetjes brood om 4 sandwiches te vormen . Druk samen.
f) Verhit een zware koekenpan met anti-aanbaklaag op middelhoog vuur en voeg vervolgens ongeveer 1 eetlepel boter en olijfolie toe. Als de boter schuimt en bruin wordt, voeg je de sandwiches toe. Verlaag het vuur tot medium en kook, druk zachtjes met de spatel. Pas het vuur aan terwijl de sandwiches bruin worden, en verlaag het indien nodig om de suiker in de siroop bruin te houden maar niet te verbranden.
g) Draai de sandwiches een paar keer om, voeg meer boter toe aan de pan en zorg ervoor dat de sandwiches niet uit elkaar vallen als je ze omdraait. Druk zo nu en dan totdat de buitenkant van de sandwiches bruin en krokant is en de kaas is gesmolten.
h) Een minuut of 2 voordat ze deze staat bereiken, gooi je de resterende amandelen in de pan en laat ze licht roosteren en bruin worden. Bestrooi de boterhammen en de amandelen met de resterende 2 eetlepels suiker.
i) Serveer onmiddellijk, elk broodje bestrooid met de geroosterde amandelen.

92. G- regen- en kaasburger

Opbrengst: 4 porties

INGREDIËNTEN :
- 1½ kopje Champignons, gehakt
- ½ kopje Groene uien, gehakt
- 1 eetlepel Margarine
- ½ kopje Havermout, normaal
- ½ kopje Bruine rijst, gekookt
- ⅔ kopje Geraspte kaas, mozzarella
- Of cheddar
- 3 eetlepels Walnoten, gehakt
- 3 eetlepels Kwark of ricotta
- Mager
- 2 grote Eieren
- 2 eetlepels Peterselie, gehakt
- Zout peper

INSTRUCTIES

a) In een 10 tot 12-inch koekenpan met anti-aanbaklaag op middelhoog vuur kook je champignons en groene uien in margarine tot de groenten slap zijn, ongeveer 6 minuten. Voeg haver toe en roer gedurende 2 minuten.

b) Haal van het vuur, laat iets afkoelen en roer dan gekookte rijst, kaas, walnoten, kwark, eieren en peterselie erdoor. Voeg zout en peper naar smaak toe. Vorm op een geoliede bakplaat van 12 x 15 inch 4 pasteitjes, elk ½ inch dik.

c) Rooster 3 inch van het vuur, één keer draaien, in totaal 6 tot 7 minuten. Serveer op brood met mayo, uienringen en sla.

93. Black angusburger met cheddarkaas

Opbrengst: 1 Porties

INGREDIËNTEN :
- 2 pond Gemalen Angus-rundvlees
- 3 Gegrilde poblano-paprika's, zonder zaadjes en; snijd in drieën
- 6 plakjes Gele cheddar kaas
- 6 Hamburgerbroodjes
- Baby rode eiken sla
- Ingemaakte rode uien
- Poblano Peper Vinaigrette
- Zout en versgemalen zwarte peper

INSTRUCTIES

a) Maak een hout- of houtskoolvuur en laat het tot gloeiende kooltjes uitbranden.

b) Breng angus beef op smaak met peper en zout in een grote mengkom. Koel tot gebruik. Als u klaar bent voor gebruik, vormt u schijven van 1 inch dik.

c) Grill gedurende vijf minuten aan elke kant voor medium rood. Bestrooi de laatste vijf minuten met cheddarkaas. Als je klaar bent met grillen, leg je op de ene helft van de rol de burger en bedek met baby rode eik, poblano pepers, vinaigrette en ingemaakte rode uien. Serveer onmiddellijk.

94. Gegrilde Amerikaanse kaas en tomatensandwich

Opbrengst: 4 porties

INGREDIËNTEN :
- 8 plakjes witbrood
- Boter
- Bereide mosterd
- 8 plakjes Amerikaanse kaas
- 8 plakjes Tomaat

INSTRUCTIES

a) Beboter voor elk broodje 2 sneetjes wit brood. Besmeer de onbeboterde kanten met bereide mosterd en leg 2 plakjes Amerikaanse kaas en twee plakjes tomaat tussen het brood, met de beboterde kanten naar buiten.

b) Bak ze aan beide kanten bruin in een koekenpan of gril tot de kaas smelt.

95. Gegrilde appel en kaas

Opbrengst: 2 porties

INGREDIËNTEN :
- 1 kleine Red Delicious-appel
- ½ kopje 1% magere kwark
- 3 eetlepels Fijngesneden paarse ui
- 2 Zuurdesem Engelse muffins, gespleten en geroosterd
- ¼ kopje Verkruimelde blauwe kaas

INSTRUCTIES

a) Kernappel en snijd kruiselings in 4 (¼-inch) ringen; opzij zetten.
b) Combineer kwark en ui in een kleine kom en roer goed. Verdeel ongeveer 2-½ eetlepel kwarkmengsel over elke muffinhelft.
c) Bedek elke muffinhelft met 1 appelring; strooi verkruimelde blauwe kaas gelijkmatig over appelringen. Leg op een bakplaat.
d) Rooster 3 inch van het vuur gedurende 1-½ minuut of tot de blauwe kaas smelt.

96. Gegrilde blauwe kaassandwiches met okkernoten

Opbrengst: 1 portie

INGREDIËNTEN :
- 1 kopje Verkruimelde blauwe kaas; (ongeveer 8 ons)
- ½ kopje Fijngehakte geroosterde walnoten
- 16 plakjes Volkoren brood; getrimd
- 16 kleintjes Takjes waterkers
- 6 eetlepels Boter; (3/4 stok)

INSTRUCTIES

a) Verdeel kaas en walnoten gelijkmatig over 8 broodvierkanten. Top elk met 2 takjes waterkers.

b) Bestrooi met peper en bedek met de overgebleven broodvierkanten, zodat je in totaal 8 sandwiches krijgt. Druk zachtjes tegen elkaar om te hechten.

c) Smelt 3 eetlepels boter in een grote bakplaat of koekenpan met anti-aanbaklaag op middelhoog vuur. Bak 4 sandwiches op de bakplaat tot ze goudbruin zijn en de kaas smelt, ongeveer 3 minuten per kant.

d) Breng over naar snijplank. Herhaal met de resterende 3 eetlepels boter en 4 sandwiches.

e) Snijd de sandwiches diagonaal doormidden. Verdeel over borden en serveer.

97. Sandwiches met gegrilde cheddar kaas en ham

Opbrengst: 1 Porties

INGREDIËNTEN :
- ¼ kopje (1/2 stok) boter; kamertemperatuur
- 1 eetlepel Dijon mosterd
- 2 theelepels Gehakte verse tijm
- 2 theelepels Gehakte verse peterselie
- 8 6x4-inch sneetjes brood in landelijke stijl; (ongeveer 1/2-inch dik)
- ½ pond Cheddar kaas; dun gesneden
- ¼ pond Dun gesneden gerookte ham
- ½ klein Rode ui; dun gesneden
- 1 groot Tomaat; dun gesneden

INSTRUCTIES

a) Meng eerst 4 **INGREDIËNTEN** in een kom. Kruid met peper en zout. Schik 4 sneetjes brood op het werkvlak.

b) Verdeel de helft van de kaas gelijkmatig over de sneetjes brood. Top met ham, dan ui, tomaat en resterende kaas. Top sandwiches met overgebleven brood. Smeer kruidenboter aan de buitenkant van de boven- en onderkant van de sandwich.

c) Verhit een grote koekenpan met anti-aanbaklaag op middelhoog vuur. Voeg sandwiches toe en kook tot de bodems goudbruin zijn, ongeveer 3 minuten. Draai de sandwiches om, dek de koekenpan af en kook tot de kaas smelt en het brood goudbruin is, ongeveer 3 minuten.

98. P arty Gegrilde kaas en spek

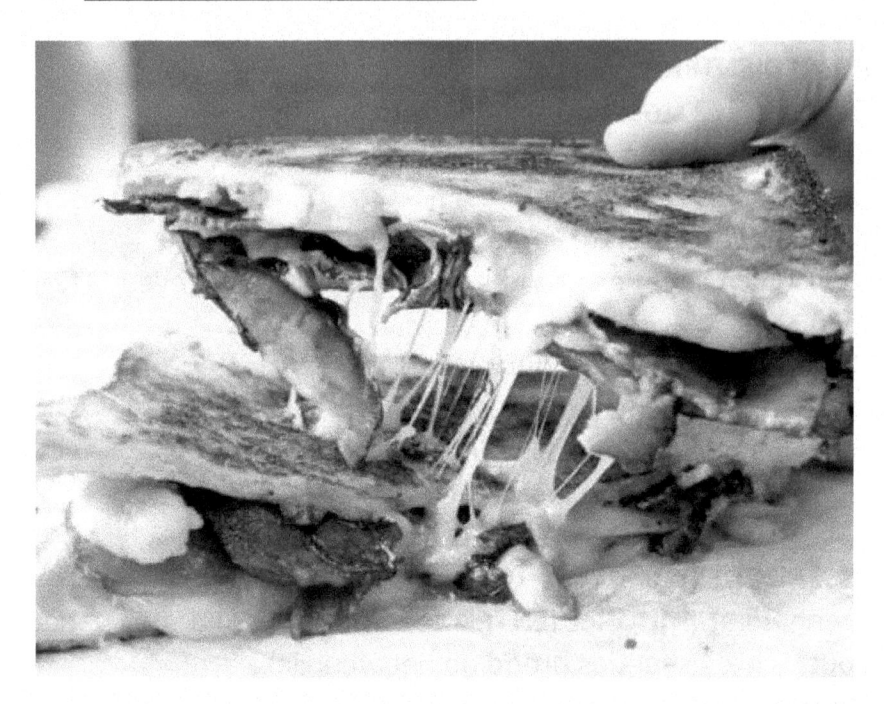

Opbrengst: 100 porties

INGREDIËNTEN :
- 12 pond spek; gesneden
- 5 3/16 pond kaas
- 2 pond boter print zeker
- 200 plakjes brood

INSTRUCTIES
a) Bak spek
b) Leg op elk broodje 1 plakje kaas en 2 plakjes ontbijtspek.
c) Bestrijk de boven- en onderkant van sandwiches lichtjes met boter of margarine .
d) Grill tot de sandwiches aan elke kant lichtbruin zijn en de kaas is gesmolten.

99. Gegrilde kaasvreters

Opbrengst: 4 porties

INGREDIËNTEN :
- 8 plakjes Zuurdesem of meergranen
- Brood
- ½ kopje Cranberry saus
- 6 ons Turkije, gekookt en gesneden
- 4 ons Cheddar kaas, mild of
- Scherp, dun gesneden
- Boter

INSTRUCTIES
a) Besmeer 4 sneetjes brood met cranberrysaus: top met kalkoen, kaas en resterende sneetjes brood.
b) Licht besmeerd buiten sandwiches met boter; kook in een grote koekenpan op middelhoog vuur tot ze aan beide kanten bruin zijn.

100. Gegrilde kaas in wentelteefjes

Opbrengst: 4 porties

INGREDIËNTEN :
- 2 eieren, geslagen
- ¼ kopje melk
- ¼ kopje droge sherry
- ¼ t theelepels Worcestershire- saus
- 8 sneetjes wit brood of volkorenbrood
- 4 plakjes Cheddar kaas

INSTRUCTIES

a) Combineer eieren, melk, sherry en Worcestershire in een ondiepe kom.

b) Stel 4 kaassandwiches samen, dompel ze elk in het eimengsel en gril ze langzaam in boter, draai ze een keer om om beide kanten goudbruin te krijgen.

CONCLUSIE

Sandwiches zijn een klassieke en gemakkelijke maaltijd waar iedereen van kan genieten, of je nu een drukke ouder bent, een student die onderweg bent of gewoon op zoek bent naar een smakelijke en bevredigende maaltijd. Met de recepten die in dit artikel worden gedeeld, kun je thuis heerlijke sandwiches maken die boordevol smaak zitten en zeker indruk zullen maken. Dus, de volgende keer dat je behoefte hebt aan een snelle en smakelijke maaltijd, overweeg dan om een broodje te maken en laat je smaakpapillen verwennen.

Milton Keynes UK
Ingram Content Group UK Ltd.
UKHW022125051124
450708UK00015B/1174